親から子へとつなぐ
自由と希望の礎

中谷彰吾 著
あおきてつお 作画

憲法の子

自由国民社

はじめに

　私たちが日常の生活の中で、憲法について考える機会はあまりないと思います。気づかないうちに、憲法で保障された権利や自由を使っていますが、憲法を意識的に考えることはほとんどないでしょう。それでいいと思います。

　そんな風に憲法が日常生活に溶け込んでいる風景というのは、実は理想的な風景かもしれません。

　ただ近年、私たちは自然災害や感染症という想像をはるかに超える出来事に遭遇し、私たちの日常は、平凡な日々から、不安や焦燥の日々に変わりつつあります。こんな時代に私たちを守ってくれるものは、第一には日本という国であり、私たちが選んだ政府ということになりますが、信頼している国や政府がいつも正しい選択をしてくれるわけではありません。国や政府が正しくない方向に進みそうになっている時には、私たち国民が、自ら声をあげ、正しい方向へと導く必要があります。

　私たち国民にはその権限と権利があり、それを保障してくれているのが、実は、憲法なのです。日本国憲法は、私たちをこの国の主権者とし、表現の自由や選挙権など、様々な自由や権利を私たちに保障することによって、私たちを守ってくれています。日本国憲法は、施行から70年以上経った今も、黙々と私たちの権利・自由を守り、私たちに民主主義を教え、主権者として私たちを育ててくれています。こんな時代だからこそ、私たちは自分たちの源ともいえる

日本国憲法をしっかりと知り、また日本の将来を担う子供たちに、日本国憲法を伝える責任があると思うのです。

　このような私の想いに共感していただき、自由国民社の中沢様と村上様から、「子供から大人まで楽しく憲法が学べる本の執筆を」と、ご依頼をいただきました。

　このご依頼を受け、どんな世代の人にも理解をしてもらえる憲法の本を書こうと、私なりに努力をいたしましたが、この本の完成にいたるまで、中沢様と村上様には、私と同じ情熱を持って、ご尽力いただきました。そして、漫画家のあおきてつお先生には私がイメージした通りの人物像・家族像を描いていただきました。

　自由国民社の皆様およびあおきてつお先生に心より感謝を申し上げます。

令和2年9月20日

中谷 彰吾

私たちがご案内します。

目　次

※本文中の条文名はすべて日本国憲法の条文です。

登場人物紹介

父　憲一朗

大学の法学部の教授で憲法を専攻する憲法学者

二人の子供たちに幼い頃から憲法の考え方を教える。

妻のキャサリンとは学生の時に知り合い国際結婚。性格は温厚

母　キャサリン

留学生として、日本の大学で学び、憲一朗と知り合う。

現在は私立高校の英会話の講師で、日本に帰化し、日本人となる。

日本の文化や食事を愛する優しい母　性格は穏やか

長男　ケンタ

双子の兄妹の兄で、国立大学の付属高校に通学

新しい技術やSNSに興味を持つ今時の16歳

性格は活発

長女　ノリカ

双子の兄妹の妹で、母の勤める私立高校に通学。

スマホも使うけど、日本の伝統や文化に関心を持つ古風な16歳

性格は物静か

第1話 憲法ってなんだろう？

スマホと連動して
動くんだ

おもしろそう！
ケンタ
ママにもやらせて

ハハハ
おかえり
二人とも今日は
早かったね

あ　パパ
いたんだ

うん！　今日は
二人に憲法の話を
しようと思って
待っていたんだ

憲法？

そう！　憲法が
なかったら

今のように自由に
旅行もできないし
自由にモノだって
作れない

憲法があるから
私たちの生活は
守られているんだ

そうか…
そうなんだね

旅行にも行けない

言いたいことも
言えない…なんて
ことになったら

大変～～！

憲法のこと　小さい時から
憲法学者のパパがよく
話してくれたけど

まだちゃんと聞いたこと
なかったもんね

話しましょ
憲法のコト

よし
話そう

まずは今の
「日本国憲法」が
施行されたのは

いつのことだか
わかるかい？

え…？

たしか
戦争のあとの
1947年？

うん…
このことをとても
嫌がる人たちは
「押し付け憲法」だと
言って

それをどうにか
改正したいと
思うわけ

まあ…
その気持ちも
よくわかる

でもパパ
日本はこの憲法の
おかげで

平和が守られてきた
とおもっている人も
いるわよね？

そうなんだ

自主的ではなかったとしても
日本に民主主義と人権保障
を定着させ

しかも長い間
日本の平和を維持できた
この憲法を

今後も守りたいと
いう人々もいる

その人たちは
憲法改正に反対
している───

………

第1章

憲法のきほん

私たちはみんな憲法の子
70年以上にわたり
現憲法の下に生きてきました。

　何気なく行っている日々のこと、たとえば、将来の夢について考えたり、本や漫画を読んだり、一生懸命に勉強をしたり、好きな人に告白をしたり、そんな当たり前のことも、もしこの世の中に憲法が存在しなかったら、今と同じとは限りません。一度でいいから、みんなも考えてみてください。

　僕はケンタ、私はノリカ、僕たちは16歳で双子の兄妹です。僕たちの父さんは憲法学者で、僕たちが幼いころから、よく憲法の話をしてくれました。学校の友達は、ふざけて僕たちのことを「憲法の子」と呼びます。

　でもね、父さんがこんなことを話してくれました。「いまの憲法が施行されてから、もう73年も経っているんだよ。日本人は、ずっとこの憲法によって守られ、この憲法によって教えられ、そして、この憲法に育てられたんだ。だから、実は日本人みんなが、この憲法の子供なんだよ」と。

　これからみんなに憲法の話をします。みんなに憲法についてわかってほしいから。もっと憲法について知ってほしいからです。だっ

て、僕たちはみんな「**憲法の子**」だから。

COLUMN 大日本帝国憲法から日本国憲法へ

大日本帝国憲法は1889年に公布されました。「立憲君主制」を採用し、天皇（君主）を頂点として、軍隊の統帥権や統治権、立法権などの権力は天皇に与えられていました（三権分立とは程遠い⇒第3章で解説します）。当時の日本は、1886年に明治政府ができたばかりで、欧米諸国が憲法を制定している中、近代国家を目指して「法治国家」としての日本を世界に認められる必要がありました。そして、日本が理想としていた国家、当時のプロイセン（現在のドイツ）の憲法に習い制定されたのです。その後、1946年に日本国憲法が制定されるまで、約57年間一度も改正されませんでした。日本国憲法は一応、大日本帝国憲法の改正という形をとっています。

◆大日本帝国憲法と日本国憲法の主な特徴の比較

	大日本帝国憲法	日本国憲法
① 憲法の種類	欽定憲法	民定憲法
② 主権	天皇主権	国民主権
③ 国民主権の保障	なし	あり
④ 天皇の地位	天皇は国家元首	天皇は象徴

以上のように、天皇主権から国民主権への移行が最大の改正点です。

どうして憲法は必要なの？

そもそも憲法ってなに？

　世界史や日本史で勉強したことを思い出してください。憲法がなかった時代はどんな時代だったか覚えていますか？　すごく強大な権力を持つ国王がいたり、武力で他の国を侵略しようとする指導者がいたりと、世界は一部の人に支配されていて、国民はいつもつらい思いをしていました。

　W杯のラグビー選手のように屈強（くっきょう）な人たちは、自分たちの力が世界に通用することを、世界中に見せたくなるよね。

　ウサイン・ボルト[1]みたいに足の速い人は自分の足の速さをみんなに自慢したくなる。

　権力を持つ人（権力者）も同じなんだね。自分の力を見せつけたくなる。だから、昔から国王や権力者はとんでもない法律を作って、国民にそれを守らせ、もし国民が従わないと牢屋（ろうや）（刑務所）に入れたりした。自分ひとりだけがすごい存在で、国民が自分に従うのは当たり前だと考えていたんだ。

※1　ジャマイカの元短距離選手、陸上100mの世界記録保持者

　でも、もしこんなにことを許すと、国民の自由はなくなるし、国民は権力者の奴隷のようになってしまう。だから、権力者を国民の力で縛らなくてはならないんだね。もちろん、縛るといっても本当に縛るのではなくて、行動を抑えるという意味だよ（笑）。

　歴史の勉強でも習ったけど、実際に、**イギリスやフランスでは、革命が起こって**[※2]、国王が牢獄に入れられたり、殺されたりしたんだよ。でも、これってちょっと悲しくない？

　国王が国民にしたことを国民が国王に仕返ししているだけだから。

　そこで、考え出された知恵の結集が、憲法なんだ。**国民の力で、どんな権力者も従わなければならないルールを作って、権力者が権力を乱暴に使うことを防止するんだ**[※3]。

　そのルールには「すべての人が生まれながらにたくさんの自由を持っていて、どんなに権力がある人も、身勝手にその自由を奪うことはできない」と書かれているんだ。もし、国民が何か義務を負う

※2　イギリスでは1642年にピューリタン革命、1688年に名誉革命が起こりました。
　　　フランスでは、1789年にフランス革命が起りました。
※3　このことを難しい言葉で「制限規範」といいます。

ことがあるとしても、それは「国民が自分たちで十分に話し合い、納得して決めた場合に限られる」と、そのルールには書いてあるんだね。こんなすごいルールというのが、実は、憲法なんだ。

　憲法は、こんな風に**僕たちの自由を守るために、絶対に必要なルールなんだね**[※4]

　憲法は権力者の権限濫用（けんげんらんよう）を防ぎ、僕たちの自由を守る一番大切なルールだから、すべての法の中で**最高の地位にあって、国会が作る法律でも、憲法には違反できないんだよ**[※5]

憲法とは、国と国民との約束なんだ。

もしこの世の中に憲法が存在しなかったら…

　本を読んだり、テレビを見たり、友達と話したり、LINEをしたり、誰かを好きになったり、告白したり、僕たちのさりげない日常はこの憲法がないと、存在しないかもしれない。

　もしこの憲法がなかったら今とは違う世界に僕らは生きているかもしれません。

※4　このことを「自由の基礎法」といいます
※5　このことを憲法の最高法規性といいます。

専門家の扉 01

～もっと学びたい人のために～

●「最高法規」の意味について

　憲法には、権力者の権限濫用を防ぐ「**制限規範**」としての性質、私たちの権利・自由を守る「**自由の基礎法**」という性質、そして法律など、他の法規範よりも上位にあるという「**最高法規**」という性質があります。この中で「最高法規」という性質について、もう少し詳しく説明します。

　なぜ、憲法が最高法規性を持つのかというと、二つの理由があります。形式的な理由と実質的な理由です。形式的な理由としては、①憲法は、法律など他の法規範を生み出す源であるので、法律などは源である憲法に違反することができないということです。②またこのような憲法を改正するには、法律にはない厳しい手続があるので、容易に憲法を改正できないというのも形式的な理由の一つとなります。次に、実質的理由ですが、それは国民の自由や権利を国家権力から守る「自由の基礎法」であるからこそ、その価値は「最高」であるということです。つまり、その中身が最高の価値を持つので最高法規だということです。

憲法の三大特徴
最高法規性　　自由の基礎法　　制限規範性

日本国憲法の基本原理

憲法を支える三つの柱

市民革命を経て外国で憲法が誕生し、日本でも1889年に大日本帝国憲法ができましたが、国民の人権保障は十分ではありませんでした。その後第二次世界大戦で敗戦をした日本は1946年に日本国憲法を制定し、国民の人権を守るために、三つの基本原理を定めました。

憲法には3つの大切な基本原理というものがあります。一つ目は**基本的人権の尊重**（きほんてきじんけんのそんちょう）、二つ目は、**国民主権**（こくみんしゅけん）、三つ目は**平和主義**（へいわしゅぎ）です。どれも大切な原理ですし、三つは繋（つな）がっています。順番に説明しますね。

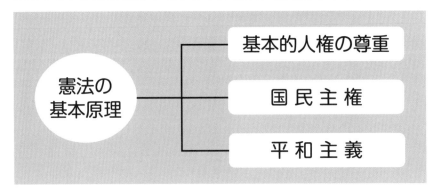

憲法の
基本原理

基本的人権の尊重

国民主権

平和主義

（1）基本的人権の尊重

　人間はみんな生まれた時から、いろいろな権利や自由（基本的人権）を持っています。この権利や自由は、国や権力者から与えられたものではなくて、人間として生まれた時から当然に持っているものです。国や権力者はその権利や自由を奪うことはできません。

　このことを「**基本的人権の尊重**」といって、日本国憲法の大切な原理の一つとなっています。

　私が友達とSNSで話をしたり、タピオカを飲んだり、こんな風に好きなことを文章にすることができるのも、基本的人権の尊重が、憲法にはっきりと記載されていて自由が守られているからなのです。

好きなことが
できるんだ！

Tapioca

　海外のニュースで、国民がマスクで顔を隠して**デモ**※1に参加したら処罰されたり、逆に、その数か月後には、感染症予防のマスク

※1　逃亡犯条例の改正に反対するデモが2019年から2020年にかけて香港で起こりました。
　　　その後、香港に国家安全維持法が適用され、言論の自由は実質的に封殺されました。

をしないで、電車に乗ったら警察に逮捕されたりしているのを見ましたが、本当に恐ろしく思いました。

　その時、本当に日本人でよかったと実感しました。日本人である以上、日本国憲法で基本的人権が守られていますから、こんなことは起きないのですね。

11条　国民は、すべて基本的人権の享有（きょうゆう）を妨げられない。この憲法が国民に保障する基本的人権は、侵すことのできない永久の権利として、現在及び将来の国民に与えられる。

（2）国民主権

　基本的人権が尊重され、守られなければならないといっても、国王みたいな権力者が勝手に法律を作ったりしていては結局、国民の権利や自由は守られなくなります。

　なぜなら、権力者は、自分が得をするルールを作ってしまうので、国民の権利や自由なんかどうでもよくなってしまうからです。

　だから、国民の権利や自由を守るためには、私たち、**国民が自分たちや自分たちの代表者の手で、法律を作ったり、自分たちが進むべき未来を決める必要があります。**このことを民主主義（みんしゅしゅぎ）といいますが、**国民主権はこの民主主義と同じ意味なのですね。**「国民が自分たちの未来を決める決定権を持っている」これを国民主権と呼んで、憲法はこの国民主権を大切な原理の一つにしています。

前文

日本国民は正当に選挙された国会における代表者を通じて行動し、われらとわれらの子孫のために、諸国民との協和による成果と、わが国全土にわたつて自由のもたらす恵沢（けいたく）を確保し、政府の行為によつて再び戦争の惨禍（さんか）が起こることのないようにすることを決意し、ここに主権が国民に存することを宣言し、この憲法を確定する。

（3）平和主義

「基本的人権が尊重される」と憲法に書いてあっても、私たちの国がどこかの国と戦争をしていたら、基本的人権の尊重も意味がないものになってしまいます。

なぜなら、街を戦車が走り、**空から爆弾やミサイルが落ちてくる時**※1 に、楽しく友達と話したり、LINEをしたり、買い物をすることはできないからです。

こんな状況では、LINEをしたり、ゆっくり買い物をすることはできないよね！

※1　第二次世界大戦中の日本でも空襲によりたくさんの方が亡くなりました。

だから、本当に基本的人権を尊重するためには、戦争のない平和な世界が必要になります。日本国憲法が平和主義を大切な基本原理の一つにしているのもそのためなのです。日本の国や日本人は平和主義を大切に守って、憲法が**施行**^{※2}されてから73年間も戦争をしていないのですが、これはすごいことだと思います。

　だから、私たち日本人は憲法の平和主義を誇りにして、外国の人にもその大切さをアピールしていくべきだと思います。それは、憲法の平和主義はどんな世界遺産よりも価値があると、私には思えるからです。

前文^{※3}

日本国民は、恒久の平和を念願し、人間相互の関係を支配する崇高な理想を深く自覚するのであつて、平和を愛する諸国民の公正と信義を信頼して、われらの安全と生存を保持しようと決意した。われらは、平和を維持し、専制と隷従、圧迫と偏狭を地上から永遠に除去しようと努めてゐる国際社会において、名誉ある地位を占めたいと思ふ。われらは、全世界の国民が、ひとしく恐怖と欠乏から免かれ、平和のうちに生存する権利を有することを確認する。

※2　施行とは実際に適用されることです。憲法は1946年に成立し、1947年から施行されています。

※3　憲法前文にはこの憲法の壮大な理想が掲げられています。前文にも法的な拘束力があるのか、つまり、国は前文に書かれた責務を果たさなければならないか問題となっていますが、前文も憲法の一内容である以上、法的な拘束力はあるとされています。もっとも前文の規定は抽象的であるため、前文の規定をもとに、裁判を起こすことはできないとされています。

COLUMN
日本国 憲法 **前文は美しい詩のようなもの**

憲法は1条の国民主権から始まっていますが、その前には前文と呼ばれるものがあります。この前文を一度読んでみてください（P185参照）。

美しい日本語が使われていて、前文をすべて読み終えると、なんだか、美しい詩を読んだような気になります。

戦後、新しく再スタートをきった日本と日本人の理想や覚悟のようなものが感じられ、少しグッときます。

このように前文は法的な文章というよりも、叙情詩のように見えるものですので、法的な効力はないのではないかと思われますが、前文も日本国憲法の歴とした一部ですので、実は法的効力はあるとされています。

そのため、日本国・日本政府は私たちの国が前文のような理想的な国になるように、日々努力をする義務を負うわけです。

このように前文には法的な効力はありますが、だからと言って、私たち国民が前文から具体的な権利を得られるわけではありません。

たとえば、前文には、日本人が「平和のうちに生存する権利」があるかのように書かれていますが、この記述をもとに「私たちの平和的生存権が侵害されているので、自衛隊の基地を廃止してほしい」と裁判所に訴えることはできません。前文はあまりにも、抽象的な内容なので、裁判の基準としては、不十分だからです（**裁判規範性なし**）。

このように前文には「裁判規範性がない」のですが、私は前文を一読することをお薦めします。

そこには、日本人の理想や覚悟が感じられ、読み終わると清々しい気持ちになるからです。

●基本的人権の尊重と国民主権について

　ここで学んだ基本的人権の尊重と国民主権に関連して、２つのことをプラスアルファで学習します。一つ目は基本的人権の限界のお話です。そして、もう一つは「主権」の意味についてのお話です。

　まず、一つ目です。基本的人権と言っても、絶対に無制約であるわけではなく、憲法では、随所に「公共の福祉」による制限が予定されています（13条、22条１項、29条２項）。

　この「公共の福祉」の意味について、古くは、人権の外側にあって、人権を制約するための「みんなの利益」というように考えられていましたが、こんな考えを採用すると、「みんなの利益」のために、いくらでも個人の人権が侵害されてしまうことになります。

　そこで、このような考え方ではなく、「公共の福祉」というのは、人権と人権が衝突する場合に、その調整をするための、実質的な公平の原理（ルール）と考えられるようになりました。

　現在、この考え方が有力ですが、この考え方でも、制約が許されるかどうかの判断基準は曖昧ですので、具体的で明確な基準が必要となります。そこで、後に学習する**「二重の基準の理論（81頁）」**が登場することになります。

　次に二つ目の「主権」の意味について、お話しします。

「主権」には三つの意味があると考えられています。**「統治権」**と**「最高独立性」**と**「国政についての最高決定権」**の三つです。

「統治権」というのは、国家権力そのもののことを意味していて、具体例としては憲法41条に出てくる「国権」という言葉やポツダム宣言に出てくる「日本国の主権が本州、北海道、九州、四国…に限られる」という場合の「主権」です。

次に「最高独立性」というのは、対外的に国家として独立しているという意味です。憲法前文に書かれている「自国の主権を維持し」という場合の「主権」がその意味です。

最後に「国政についての最高決定権」というのは、国政の在り方を最終的に決定する権力や権威(けんい)という意味であり、これが国民主権で使われる「主権」の意味です。憲法１条の「主権の存する日本国民の総意」というのがその具体例です。

国の主権が及ぶ範囲を領域と言い、領土、領海、領空からなっています。

しょうちょうてんのうせい
象徴天皇制

日本と日本人のシンボル

日本には、天皇陛下がおられ、さまざまな公務をされていますが、その公務は形式的な行為であって、天皇陛下には政治的な権力はありません。しかし、天皇陛下は、日本という国や日本人の象徴として、その役割を果たされています。日本国憲法には天皇陛下が「日本国と日本国民統合の象徴である」と明記されています。

憲法には国民に主権があることが書かれているけど、もう一方で、天皇陛下が僕たちの象徴であることも書かれているんだ。2019年5月に新しい天皇陛下が皇位を引き継がれて、令和の時代になったけど、天皇陛下ってどんな存在なんだろう？

憲法1条には、天皇は日本国と日本国民統合の「象徴」だと書かれているんだ。

「象徴」という言葉は、普通、目に見えないものを形あるものに置き換えることだと言われているんだ。たとえば、平和という目に見えないものを表すために、白鳩やオリーブの葉が使われたりするんだね。国連の旗に、世界地図とオリーブの葉があるのも、平和と

いう目に見えないものを象徴するためなんだ。

　でも、天皇陛下は、少し通常の象徴とは異なっているんだ。それは実際に存在する日本という国や日本人の象徴としての役割を果たされているからだよ。日本の美しい風土や伝統、そして日本人の尊_{そん}厳や性質を天皇陛下がそのたたずまいで象徴されているんだ。

　ずいぶん昔、天皇陛下は**生きている神様**[※1]だと考えられていて、政治においても大きな権限を持っていたけど、今の憲法で、主権をもっているのは、僕たち国民なので、いまは天皇陛下に政治的な権限はなく、象徴として行動されているんだね。天皇陛下は僕たちのお手本、僕たちの誇りとして、**国事行為という儀礼的な行為**をされていて、**内閣がそのサポート**[※2]をしているんだ。

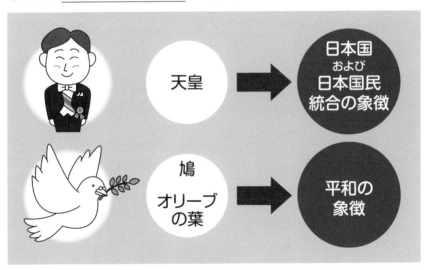

天皇 → 日本国
および
日本国民
統合の象徴

鳩
オリーブ
の葉 → 平和の
象徴

....

※1　これを「現人神」（あらひとがみ）と呼びます。
※2　内閣の助言と承認

1条　天皇は、日本国の象徴であり日本国民統合の象徴であつて、この地位は、主権の存する日本国民の総意に基く。

3条　天皇の国事に関するすべての行為には、内閣の助言と承認を必要とし、内閣がその責任を負ふ。

4条　1　天皇は、この憲法の定める国事に関する行為のみを行ひ、国政に関する権能を有しない。

（参考）　天皇の国事行為（憲法に規定）

1、内閣総理大臣の任命
2、最高裁判所長官の任命
3、憲法改正、法律、政令及び条約の公布
4、国会の召集
5、衆議院の解散
6、総選挙の施行の公示
7、国務大臣その他の官吏の任免、全権委任状及び大使公使の信任状の証認

8、大赦、特赦、減刑、刑の執行の免除及び復権の認証
9、栄典の授与
10、批准書その他の外交文書の認証
11、外国の大使、公使の接受
12、儀式

専門家の扉 03
〜もっと学びたい人のために〜

●天皇陛下の「公的行為」について

　ここでは、天皇陛下の「国事行為」について学びましたが、天皇陛下の行為としては、この行為の他に、ご旅行や個人的な研究という「私的行為」と、「公的行為」という第三の行為があると考えられています。今回はこの「公的行為」について、少し詳しく説明します。

　天皇が国会の開会式で述べられる「おことば」は、国事行為とは別の行為かどうか学者の先生の間でも見解が分かれています。国事行為の中の「儀式を行ふ」に含める考え方もあるのですが、通説的な立場は、「おことば」を第三の行為として、国事行為とは別の行為を認めています。その立場の中にも第三の行為として「象徴行為」というものがあるという立場や「公人としての行為」というものがあるという立場がありますが、いずれにしても、これらの立場は「第三の行為」を認める立場です。

COLUMN　日本国憲法は無効なの？

　第1章の最後に、少し歴史のお話をします。

　日本史の勉強をすると、日本国憲法は当時の日本政府が自主的に作ったものではなく、連合国総司令部（GHQ）の総司令部案がもとになっていることがわかります。形式的には、大日本帝国憲法の改正という形を取っていますが、現実には総司令部案が原型です。

　このような史実をとらえると「押し付け憲法」であることは否定できないので、「こんな押し付け憲法は無効だ」と考える人もいます。

　また「押し付け憲法」であることはさておいても、天皇が主権者であった大日本帝国憲法の改正として、国民主権である日本国憲法を作ることは、憲法改正の限界を超えているので、やはりいまの憲法は無効だと考える人もいます。なかなか説得的です。

　一方、どうにか有効であるとしたい人は、日本がポツダム宣言を受諾したことによって、一種の革命が起こり、その革命によって国民主権を基礎とする新しい憲法が生まれたと考えます。このような考えを「八月革命説」といいます。かなり奇抜な考えです。

　史実からすると、八月に革命があったと構成することは結構無理があるかもしれません。革命？？？です。結局、説得力で考えると、無効説の方に分がありますが、憲法制定・施行から70年以上経過し、日本人に定着している日本国憲法を無効にすることは現実的ではないですよね。そこで私は「最初は無効であったとしても、長い間日本人に受け入れられて、定着している日本国憲法はいまではもう有効になっている。」と考えています。皆さんも一度考えてみて下さい。

国が勝手に始めた
戦争で　いきなり
最前線へ行けと
言われたら

誰も拒否する
自由はない

．．．．．．．

昔の憲法は
そうだったの？

うん
大日本帝国憲法は
それに近かった

つまりね
私たちの権利や自由を
守っていくためには

「基本的人権の尊重」
「国民主権」
そして「平和主義」

この３つの基本原理全てを
実現させていくことが
絶対条件なんだ

第2章

人権

05

憲法14条

法の下の平等ってなに?

すべての人は本来、生まれながらに平等であるのですが、人種や肌の色、そして性別による差別は、ほんの1世紀前までは公然と行われていました。そして、憲法ができた現在でも、世の中には様々な差別が存在しています。全米で広がった黒人差別の問題もその一例です。もう一度、憲法14条が法の下の平等を保障した意味を考えましょう。

今回は「法の下の平等」について、お話しします。

憲法14条1項には、「すべて国民は、**法の下に平等**であって、人種、信条、性別、社会的身分又は**門地**^{もんち}※1により、政治的、経済的又は社会的関係において差別されない。」と書いてあります。

この「**法の下の平等**」にいう「法」というのは、法律のことではなくて、**法律よりも上の憲法のことだと考えられているのですね。**

つまり、憲法の下では、誰もが平等に扱われて、差別をされないということになるわけです。憲法は過去の歴史の反省から、「法の

※1　家柄のこと。

38

下の平等」を厚く保障しているのです。

　それでは「平等」というのはどんな意味でしょうか。これは一切の例外を許さない「**絶対的な平等**」のことを意味するのか、それとも、例外を認める「**相対的な平等**」のことを意味するのか、大昔は学者の先生方の間で争いがありました。

　ただ、いまでは一般的に、合理的な理由があれば、例外を認める「**相対的平等**」だと考えられています。

　たとえば、男性と女性は、身体的にいろいろと違っていますよね。それなのに、たとえば、オリンピックで**男女が区別なく、同じレースで100mを走ったり、水泳で100m自由型を泳いだりする**[※2]のは、本当に平等だとは言えないでしょう。どうしても身体的にハンディがあります。

第2章 人権

男女平等だからといって、男女区別なく同じレースで競い合うことは本当の平等とは言えない。

※2　本来の違いを無視して、絶対的に平等に扱うことを絶対的平等といいます。

仕事の場面でも同じことが言えます。労働基準法という法律には、**女性に産前産後の休暇が認められていますが**[3]、「女性だけ、休暇があるのはおかしいから、男性にも同じ休暇を与えろ」と男性が主張するのはやっぱり変ですよね。

　憲法で定める「法の下の平等」は一切の例外を許さない絶対的な平等ではなくて、それぞれの人の違いを考慮して、**合理的な理由があれば、「区別」を認める相対的平等**だと考えられているのです。

　もちろん、人種の違い、肌の色の違い、考え方の違い、性別の違い、そして生まれた境遇の違いだけで、単純に他の人のことを差別したり、酷（ひど）い扱いをしたりすることは絶対に許されないけれど、ちゃんとした理由があれば、もともとの身体的違いなどを考慮して、**合理的な区別**をすることは許されるわけですね。

　最後にもう一つだけ。「法の下の平等」には「**法の適用**」の平等だけでなく、「**法の内容の平等**」も含まれています。たとえば、男性と女性を差別する法律を男女に平等に適用しても、差別はなくな

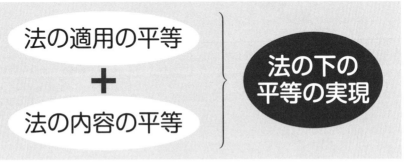

法の適用の平等

＋

法の内容の平等

法の下の
平等の実現

※3　労働基準法65条に産前産後休暇の規定があります。

りません。だから、**法の内容自体も平等でなくてはならないのですね**※4

14条 1 すべて国民は、法の下に平等であつて、人種、信条、性別、社会的身分又は門地により、政治的、経済的又は社会的関係において、差別されない。

2 **華族その他の貴族の制度**※5は、これを認めない。

3 栄誉、勲章その他の栄典の授与は、いかなる特権も伴はない。栄典の授与は、現にこれを有し、又は将来これを受ける者の一代に限り、その効力を有する。

もしこの世の中に憲法14条が存在しなかったら…

憲法ができる前の民法という法律の中には「妻の無能力」という規定があったそうです。奥さんは夫の承諾がなければ、原則として、契約などの法律行為はできなかったようです。ひどい話ですね。

「男尊女卑（だんそんじょひ）」という古いしきたりに従った民法があったんですね。憲法14条があって本当に良かったと思います。

※4 法律の内容が憲法14条に違反していると判断されたたくさんの判例があります。
たとえば、結婚している夫婦の子供（嫡出子・ちゃくしゅつし）とそうでない子供（非嫡出子）が親の相続分について不平等に扱われていた**民法900条4号但書**は憲法違反となり、削除されました。また女性にだけに、6か月の再婚禁止期間を設けていた**民法733条1項**は、期間が必要以上に長いとして、100日を超える部分は憲法14条違反とされ、期間は100日に改められました。

※5 大日本帝国憲法には天皇の国家元首をはじめとして、皇族（こうぞく）、華族（かぞく）、士族（しぞく）、平民（へいみん）という身分制度がありましたが、現在の憲法によって身分制度はなくなりました。

尊属殺重罰規定違憲判決
【昭和48年4月4日】

テーマ 親殺しの罪が他人を殺した場合の罪より重いのは
「法の下の平等」に違反するのか？

事件 A男とB子は実の父と娘の関係でしたが、A男はB子に対し
て、夫婦同然の生活を強制し、B子に自分の子供を何人も産
ませていました（ひどい親ですね）。そんなB子の現状をすべて理解し、
B子と結婚したいというC男が現れ、B子は父であるA男に、C男との
結婚を懇願しました。これを聞いたA男は逆上し、B子に暴行を加えて、
「C男とは絶対に結婚させない」と言い放ちました（とんでもない親で
す）。B子は自分の将来を悲観するとともに、この親がいる限り、一生
自分は自由になれないと思い、ついに、寝ているA男を絞殺してしまい、
犯行後、直ちに自首しました（こんなことをしないで、C男と駆け落ち
したらよかったのに…）。

尊属殺人は
「法の下の平等」に違反

ゆえに執行猶予つき

判決

裁判と結果 B子は当時刑法にあった「尊属殺人罪」（親など自分より目上の親族を殺害した場合の罪）で起訴され、裁判となりましたが、「尊属殺人罪」の法定刑は「死刑または無期懲役」で、いくら情状を考慮して、減刑を重ねても、実刑は免れません（刑務所に入らなくてはなりません）。そこで、B子の弁護人は、そもそも「尊属殺人罪」という刑罰は、人間の価値に差を設けるもので、憲法14条の「法の下の平等」に違反する。したがって、この刑罰は憲法違反で無効となり、今回の事件にも適用されないと主張しました。

そこで、最高裁判所において、「尊属殺人罪」が憲法14条に違反するかどうか争われました。最高裁は「尊属を敬う」という「尊属殺人罪」の目的自体は間違ってはないけれど、その目的を実現するための手段として、法定刑を「死刑または無期懲役」に限定するのはあまりにもやり過ぎたとして、結局、「尊属殺人罪」は憲法14条に違反するとしました。この裁判の結果、B子には、普通殺人罪が適用され、いろいろな減刑の結果、実刑ではなく、執行猶予付きの判決が出て、B子は刑務所に入らなくてすみました。この判例は、日本国憲法の下で、初めて違憲判決が出されたものです。最高裁の「良心」が感じられる判決でした。最高裁、Good job！です。

尊属殺を定めた
刑法200条 平成7年に
削除

憲法14条に違反し、無効

●法の下の平等と一票の価値について

　法の下の平等に関連して、ここでは少し難しい議員定数不均衡の問題（一票の価値の平等の問題）を扱います。難しいと思ったら、途中で飛ばしても大丈夫ですよ。

　選挙においては、一人一票制という大原則があるのですが、憲法14条の「法の下の平等」からすると、これ以外にも投票価値の平等（一票の価値の平等）が原則的に必要とされます。

　たとえば、人口が20万人いるＡ選挙区と10万人いるＢ選挙区で、議員の定数がいずれも１議席であれば、Ｂ選挙区の有権者（選挙人）の一票の価値は、Ａ選挙区の有権者（選挙人）の一票の価値の２倍の価値があることになります。これはやはり不平等ですね。そこで、投票価値の平等の問題、議員定数不均衡の問題が起こるわけです。一票の価値は原則的に平等でなければならないのです。

　では、一票の価値を平等にするためにはどのようにすればいいのでしょうか。もちろん、人口比率に応じて定数が分配されることが一番なのですが、実際にはその様に割り切ることは難しく、やはりそれ以外の要素も考慮する必要があるのです。

　たとえば、行政区画や山間地・離島の特殊性を考慮する必要もありますし、また参議院議員については半数改選制であるため、定数

を偶数にする必要もあります。この様な理由から、人口比率による配分を絶対視することはできなくなるわけです。

　そこで、最高裁判所も衆議院議員選挙では、概ね、議員定数の不均衡が２：１の範囲内にあれば、合憲とし、また参議院議員選挙でも、概ね、３：１の範囲内であれば合憲としています（最大判平30・12・19、最大判平29・9・27）。

　また不均衡（格差）がこれを超えている場合であっても、直ちには違憲とは判断せずに、それを是正する合理的期間内（国会がその不均衡を直すために通常必要とされる期間内）であれば、「違憲状態にある」とはしつつも、違憲判決は行いません（最大判平25・11・20）。国会に不均衡を是正するための猶予期間を与えることにしています。また、たとえ合理的期間を過ぎている場合であっても、「事情判決の法理」という難しい法理（忘れてもいいです）を使って、違憲の判決自体は下しても、選挙自体を無効にはしません（最大判昭51・4・14）。選挙を無効にすると、議員がいなくなるという大変な問題が起こるので、選挙自体は有効にしているのですね。

第2章
人権

06

憲法19条　思想良心の自由（し そうりょうしん）

どんな考えを持っても構わないんだよ。

　　人間は毎日いろいろなことを考えます。世の中のこと、家族のこと、自分の将来のこと、自分の生きる目標のことなど、さまざまです。

　　こんな当たり前ですが、大切なことを保障してくれているのが、憲法19条の思想良心の自由です。

　　僕が思想良心の自由についてお話しするね。

　　憲法19条には「思想及び良心の自由はこれを侵してはならない」と書かれているんだ。

　思想良心というのは、「信仰にも近いような信条、主義、主張、人生についての考え方」※1だといわれていて、この自由の保障とは「心の中でどんな考えを持っていても、それは全くの自由で、一切制限されない※2こと、そして、心の中で思っていることを告白しろと強制されないこと」※3を意味しているんだね。

　心の中で何を思っていても、それは自由なのは当たり前でしょ。

※1　二つの説があります。狭義説はこのように狭く考えます。広義説は事実かどうかの判断も含めて、広く心の中で思うこと全般だと考えます。

※2　絶対的保障といいます。

※3　沈黙の自由といいます。

なのに、なんでこの自由が憲法で保障されているかというと、今の憲法ができる前の日本では国の政策に反対する考え方を持っているだけで、処罰されたり、その考え方を話すように強制されたりしたからなんだね。たとえば、「戦争することは間違っている」と考えているだけで、処罰されたり、そんな考えを持っていそうな人は、無理やり白状させられられて、反逆者として処罰されたんだ。だから、こんな過ちを繰り返さないように、憲法で、わざわざ「思想良心」[4]の自由[5]が保障されているんだね。

> 頭の中で何を考えようが、それは自由です。このことは憲法で保障されているんです。こんな当たり前と思えることを憲法に規定せざるを得ないほど昔は人権が制限されていたんだね。

．．

[4]　思想と良心は、別々に考えないで、一体だと考えられています。

[5]　思想良心の自由が問題となった判例として、**三菱樹脂事件**があります。企業が社員の採用に当たり、思想信条を考慮して採用・不採用の決定ができるかが問題になりましたが、判例はこれを肯定しています。企業にも契約の自由があるからです（P50参照）。

もしこの世の中に憲法19条が存在しなかったら…

　昔、江戸時代に「踏み絵」という制度がありましたよね。隠れキリシタン（キリスト教の信者）かどうかを白状させるために、キリストの絵を踏みつけることができるかどうかを試すという制度です。これは心の中で思っていることを行動によって白状させるものです。憲法19条がなければ、いまの時代でもこんな制度が残っていたかもしれません。

　たとえば、ＡＩの「うそ発見器」にかけられて、いまの政府を支持しているかどうかを確認され、検査の結果、不支持だとわかったなら、処罰される。考えただけでも怖いです。

COLUMN 日本国憲法 国歌斉唱について
こっかせいしょう

オリンピックやW杯などで、君が代が流れると、胸がジンと熱くなりますよね。僕はいつも胸に手を当てて歌ってしまいます。

僕は、君が代を歌うことに特に違和感はありません。むしろ子供の頃から、ずっと君が代を歌ってきたので、歌うことが好きです。

でも、君が代の歌詞をよく読んでみると、「君（天皇）の時代が永遠に続きますように」という内容ですので、人によってはその考え方を押し付けられるのが嫌だと思う人もいるかもしれません。

実際に、公立学校の卒業式などで、君が代の伴奏をすることを拒んだり、国歌斉唱の際に起立することを拒んで、懲戒処分を受けた学校の先生がたくさんいます。

僕がもし公立学校の先生だったら、君が代を歌うことに躊躇はありませんが、嫌だと思う人に無理に国歌斉唱を義務づけるのは、少し違和感があります。公務員だからしょうがないのかもしれませんが、どのような思想を持つことも憲法19条で保障されているのですから、ペナルティで、特定の考えを強制するのは、少しやりすぎの気がします。私個人は、君が代を歌うことは好きですが…。

第2章 人権

専門家の扉

～もっと学びたい人のために～

●憲法を適用する範囲について

　ここでは、個人の思想・信条を理由として、企業が社員の採用や解雇を決めたり、また企業が男女の違いを理由として、定年年齢に差異を設けることはできるのかについてお話します。

　そもそも憲法は国家と国民の関係について規定しているので、憲法の人権規定は「国家が国民の人権を侵害しないように」と規定されています。だから、憲法の人権規定を国家ではない企業と社員の関係（私人と私人の関係）に直接適用することはできません。

　そこで、学説や判例は、私人間には、憲法の規定を直接適用せずに、民法90条や民法709条という私法の一般条項に憲法の考え方を取り入れるという方法で、間接的に憲法を適用するという考え方（**間接適用説**）に立っています。

　私人と私人の間では、契約の自由というものもありますので、それを尊重すると、企業の行為が個人の人権を侵害すると認められるのは、その行為が公序良俗に違反して無効になる場合（民法90条）や民法上の不法行為になる場合（民法709条）となります。思想信条を理由とする採用取消が問題になった**三菱樹脂事件**では、企業側の採用の自由が尊重され、採用取消は有効となりましたが、男女で定年年齢に差異がある就業規則が問題になった**日産自動車事件**で

は、法の下の平等に反するような就業規則は公序良俗に反するものとして、民法90条違反で無効ということになりました。

　こんな風に判例は、憲法の考え方を民法90条や民法709条に取り入れて、間接的に憲法を適用するという立場に立っています。

▶三菱樹脂事件（昭和48年12月）

▶日産自動車事件（昭和56年3月）

第2章

人権

07

憲法20条　信教の自由<ruby>（しんきょう）</ruby>

「神様、お願い」と、
誰でも思う時があります。

何か特定の宗教を信仰している人でなくても、困ったことが
あったり、願い事をするときには、「神様、お願いします」と
心の中で思うはずです。たとえ、神様の存在を信じていない人
でも、祈ったり、願ったりするだけで、心が落ち着くことがあ
りますよね。すべての人にとって信教の自由は大切な人権なの
ですね。

私が信教の自由についてお話しします。
憲法20条では、信教の自由と**政教分離の原則**<ruby>（せいきょうぶんり）（げんそく）</ruby>※1が
定められています。

実は、いまの憲法よりも前の大日本帝国憲法でも信教の自由は保
障されていましたが、現実には特定の宗教以外の宗教は、制限され
たり、迫害されたりしていました。

そこで、いまの憲法ではこのようなことがないように、あらため
て、信教の自由が保障されています。

（1）信教の自由

※1　政治と宗教が分離されるという原則です。

信教の自由というのは、特定の宗教を信じたり、また逆に信じなかったりする自由のことです。大きく分類すると、**信仰の自由、宗教的行為の自由、宗教的結社の自由**にわかれます。

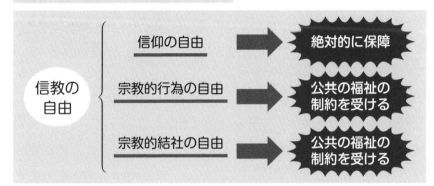

信仰の自由というのは、心の中である宗教を信仰したり、しなかったりする自由です。心の中の問題だから思想良心の自由と同じように、絶対的に保障されていて、何を信仰しても信仰しなくても、全く制限を受けることはありません。私がアイドルグループを「神」だと信じても何も問題はないということです。

次に、宗教的行為の自由ですが、これは名前の通り宗教的行為をする自由です。ただ、この自由は心の中だけではなくて、行動として外に表される自由なので、他の自由との関係で、制約を受ける場合もあります。

たとえば、ある信者に悪いことが続くので、その宗教の教祖様が「邪気」を追い払うといって、その信者を棒で叩いたとします。たくさん叩いて、大怪我をしたり、場合によっては亡くなったとします。これは表面的には宗教的行為ですが、実際には人を傷つける傷

害行為ですので、**犯罪になります**[2]。この様に人の命や身体を守るために、宗教的行為の自由も刑法という法律などで、制限を受けることがあるのです。

　次に、宗教的結社の自由ですが、これは宗教団体や宗教法人を作る自由や作らない自由ですが、これも宗教的行為の自由と同じように、行動を伴うものですので、制限を受けることがあります。私が生まれる随分前に、ある宗教団体がいろいろ武装して、テロ行為を行ったことがあったそうですが（お父さんが日本の最大の危機だったと教えてくれました）、その宗教団体は国から**宗教法人としては解散命令をされ、解散することになりました**[3]。これが宗教的結社の自由に対する制約の一例です。

　ただ、その宗教団体は**宗教法人としては、解散させられましたが**[4]、宗教団体としては集まることを制約されていませんので、いまも名前を変えて、宗教的活動を行っているそうです。

宗教法人法 ➡法律上の能力を与え、宗教活動をしやすくすることが目的。憲法で保障された信教の自由のための法律であって、宗教上の行為を制限する法律ではありません。

※2　傷害罪又は傷害致死罪。
※3　オウム真理教解散命令事件。
※4　宗教法人としての様々な優遇措置（税法上の優遇措置等）は受けられなくなりました。

20条　1　信教の自由は、何人に対してもこれを保障する。いかな
　　　る宗教団体も、国から特権を受け、又は政治上の権力を行使して
　　　はならない。
　　2　何人も、宗教上の行為、祝典、儀式又は行事に参加することを
　　　強制されない。
　　3　国及びその機関は、宗教教育その他いかなる宗教的活動もして
　　　はならない。

（2）政教分離の原則

　次に、信教の自由を守るために、とても大切な「**政教分離の原則**」
についてお話しします。
　国や地方公共団体と特定の宗教が結びつくことを禁止するのが、
「**政教分離の原則**」です。なぜ、この原則があるかというと、政治
が特定の宗教を特別扱いすると、その宗教だけが優遇されて、逆に
他の宗教が迫害されたりするからです。そうすると信教の自由も絵
に描いた餅になりますので、それを防ぐ目的があるのです。
　実際に、いまの憲法ができる前は、国が神道について特別扱いを
した結果、他の宗教が制限されることがありました。そこで、わざ
わざ、憲法は信教の自由を保障するだけでなく、「政教分離の原則」
も定めているのですね。つまり、信教の自由と政教分離原則は車の
両輪のようなものなのです。
　ただし、政治と宗教を完全に分離することは、不可能です。

私はいま、キリスト教系列の私立学校に通っていますが、この学校は他の私立学校と同じように、国から補助を受けています。もし、宗教系の学校だということで、補助を受けられないとすれば、それはかえって差別になりますよね。だから、他の私立学校と同じように補助を受けているのです。政治と宗教の関係を完全に分断することはやっぱり難しいのですね。だから、最高裁判所も、**国や地方公共団体がやってはいけない「宗教的活動」の基準を示していて**※5、その「宗教的活動」に当たらなければ、やってもいいことになっています。毎年12月になると公共の施設などにクリスマスツリーが置かれたりしますが、それが問題にならないのは、そのためなのですね。

何を信じようが自由だ！

お寺　神社　お稲荷さん　教会　モスク

※5　「目的・効果基準」といいます。「目的」が「宗教的意義」を持ち、「効果」が特定の宗教に対する「援助、助長、促進、圧迫、干渉」となるような行為が、禁止される「宗教的活動」と当たると考える立場です。津市の**地鎮祭(じちんさい)事件**（P58）で、最高裁判所が示しました。この基準は長い間最高裁判所で使われていましたが、最近の**空知太(そらちぶと)神社事件**では、この基準をそのまま使うことなしに、総合的な判断により違憲判決が出されています。

20条　1　信教の自由は、何人に対してもこれを保障する。いかなる宗教団体も、国から特権を受け、又は政治上の権力を行使してはならない。

3　国及びその機関は、宗教教育その他いかなる宗教的活動もしてはならない。

89条　公金その他の公の財産は、宗教上の組織もしくは団体の使用、便益若しくは維持のため、又は公の支配に属しない慈善、教育若しくは博愛の事業に対し、これを支出し、又はその利用に供してはならない。

第2章
人権

もしこの世の中に憲法20条が存在しなかったら…

　人間は強くはないですよね。人生のいろいろな場面で、悩んだり、落ち込んだりしますよね。

　そんな時、何かを信じることができたら、救われることがあると思います。私は特定の宗教を信じているわけではありませんが、いろいろな時に神頼みをします。本当に神様がいるかどうかはわかりませんが、信じることによって心が軽くなります。

　もし、何かを信じることができなければ、本当に「救い」はなくなってしまうと思うんです。私たちの心の安定は憲法20条があるから、保たれているのかもしれません。

津地鎮祭事件
【昭和52年7月13日】

 テーマ 市営の体育館の起工式における地鎮祭は
政教分離原則に違反するのか？

事件 津市では、市営の体育館を新しく建てようとしていました。当時、建物を建てる際には、慣例により、起工式として地鎮祭（神道の儀式）が行われていました。これは敷地の上で災いが来ないようにお祓いを行うものです。津市も市のお金を使って、この地鎮祭を行いましたが、これが政治と宗教との分離を要求する「政教分離原則」に違反しないかが問題となり、裁判で争われることになりました。

裁判と結果 最高裁判所は、国や公共団体と、宗教が全く関係を持たないということは難しいという考えに立ち、憲法で国や公共団体に禁止されている「宗教的活動」の具体的な基準（目的効果基準）を示しました。つまり、国や公共団体は、その目的が「宗教的な意義」を持ち、その効果が「特定の宗教に対する援助、助長、促進、圧迫、干渉」となるような「宗教的活動」を行ってはいけないとしました。逆に言うと、「もはや宗教的な意義をなくし慣例となっているもので、しかも、それを行っても、特定の宗教をサポートしたり、邪魔したりしないものであれば、憲法で禁止される宗教的活動には当たらない」としたのです。

　結局、地鎮祭は、すでに慣例となっていて、神道という特定の宗教をサポートするものでもないので、津市がそれにお金を使っても、政教分離原則には違反しないということになりました。役所にあるクリスマスツリーには、さすがに宗教的意義はないでしょうし、公的機関がハロウィンのお祭りに協賛しても、それを「政教分離違反だ！」と叫ぶのはどうかと思いますが、問題となった実際の「地鎮祭」を見ると、結構、宗教的ですので、すでに慣例や風習になっているかというと、少し疑問もあります。もっとも、最高裁判所が、禁止される「宗教的活動」の具体的な基準を示した点は、Good job！と言えます。

第2章
人権

国や公共団体がやってはいけない「宗教的活動」 「目的」が「宗教的意義」を持ち、「効果」が「特定の宗教に対する援助、助長、促進、圧迫、干渉」となるような行為

08

憲法21条　表現の自由

言いたいことが言えるって
素晴らしい。

　　言いたいことを言ったり、ツイッターでつぶやいたり、ニュースを見たり、こんなことができるのは、憲法21条で表現の自由が保障されているからなんですね。「○○首相はダメだね」とか「○○大臣は期待外れだね」と言っても、捕まったりしないのは、表現の自由があるからです。「そんなの当たり前でしょ」と言う方もいるかもしれませんが、決して当たり前ではないのです。日本の周辺の国々を見てみるとそのことがよくわかりますよね。表現の自由は最も価値のある人権なんです。

（1）表現の自由の大切さ

　　今回は僕が表現の自由について、お話をするね。

　最初に言っておきたいのは、この自由がすべての人権の中で一番大切な人権だということなんだ。僕が今こんな風に憲法のお話ができるのも、表現の自由が保障されているからなんだね。言いたいことが言える自由というのは、当たり前のようで当たり前じゃないんだね。だって、日本の周辺の国の中には、政府や指導者について文句を言うだけで、処罰をされたり、死刑にされる国だってあるんだ

から。僕らの生きている21世紀にもまだこんな国があるんだからね。

　話がそれちゃったので、もとに戻して、表現の自由についてお話しします。

（2）表現の自由の二つの役割

　憲法21条１項には「集会、結社及び言論、出版その他表現の自由は、これを保障する」と書かれていて、いろいろな表現行為が憲法で保障されているんだね。

　この表現行為の中にはもちろん、言葉だけじゃなくて芸術的な表現行為も含まれているよ。

　じゃ、どうして表現の自由を保障しなくてはならないかというと、表現の自由には二つの大きな役割があるからなんだよ。

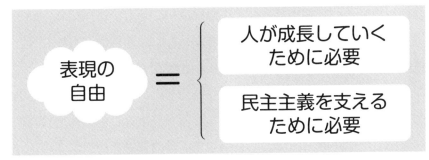

　一つ目は、**人が成長していくため**[※1]には、表現の自由が必要だということだよ。人は誰かとコミュニケーションをとって、自分の人格を作っていくんだね。

....

※1　自己実現の価値といいます。

僕が父さんに「僕はこんな風に思うけど、これってどうなの?!正しいの?」と尋ね、父さんが「それはケンタが正しいと思うよ」とか「それは違うよ。実はこういうことなんだ」と言ってくれると、僕も成長できると思う。

　こんな風に人は誰かとコミュニケーションをとって成長していく。そして、このコミュニケーションに欠かせないのが、表現の自由なんだね。自分の思うことをそのまま表現できるから、相手とコミュニケーションがとれるんだね。

　二つ目の重要な役割は**民主主義を支える**※2ということなんだ。

　たとえば、「今度の法律はおかしくない?」「あの大臣の発言は大丈夫なの?」「政府のコロナウイルス対策は十分なの?　Go Toキャンペーンはどう思う?」と、みんなが政治的な発言をして、意見を出し合うことによって、民主主義は成り立っているんだね。いろいろな発言をきっかけにして、選挙が行われ、結果的に政権交代が行われたり、逆に内閣の支持率がぐんと上がったりするんだね。

　こんな風に表現の自由は政治的な発言することができる自由でもあるので、民主主義を支える重要な役割を果たしているんだね。他の自由、たとえば、信教の自由や経済活動の自由も重要な自由だけど、民主主義を支える役割は持っていないので、表現の自由は、他の自由と比べて「特別な自由」「優越する自由」と言われているんだね。

※2　これを自己統治の価値といいます。検察庁法の改正に反対するツイッターの広がりにより、結局、改正が見送られることになりましたが、これこそが民主主義を支える自己統治の価値です。

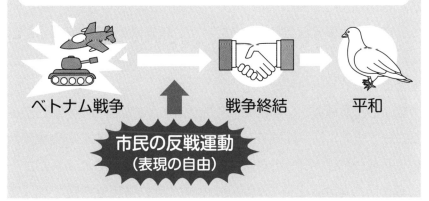

1950年代から1970年代に起こったベトナム戦争に対し、市民の反戦運動が世界中に広がったのです。日本でも学生たちを中心に反戦運動が社会運動化していきました。戦争を終結させることができたのも、表現の自由が保障されているおかげです。政治を動かす大きな力になるんだ。

（3）表現の自由のいろいろな形

　表現の自由にもいろいろ種類があるんだよ。たとえば、「**知る権利**」というものも表現の自由の一種なんだね。

　「**知る権利**」というのは、人の話を聞いたり、人の書いた本を読んだりと、表現を受け取る側の権利だけど、この権利が保障されていないと、表現をする側の表現の自由も意味がなくなってしまうんだよ。たとえば、僕が自分の考えを父さんに話して、父さんからいろいろな意見をもらって、僕自身は成長できるけど、もし僕の話を聞いてくれる人がいないと、何も成長できないと思うよ。壁に向かってひとりで話していても成長できないからね。

こんな風に表現の自由は受け取る側の自由があって初めて意味があるので、憲法にははっきりと書いてないけど、受け取る側の「知る権利」も表現の自由の一種として保障されているんだね。

　次に、報道機関の「**報道の自由**」も表現の自由の一種として保障されているんだ。

　報道って、事実を伝えることだけど、報道機関が事実を僕らに伝えてくれないと、さっき話した「知る権利」もあんまり意味がないものになってしまうんだね。

　だって、僕らは、いま世の中で何が起こっているかをテレビやインターネット、時々新聞で知ることができるけど、もし報道機関が報道しなければ、僕らの情報は限られることになるんだよ。だから報道機関の報道はとても大切で、表現の自由は**報道機関**[※3]の「報道の自由」も保障していると考えられているんだね。

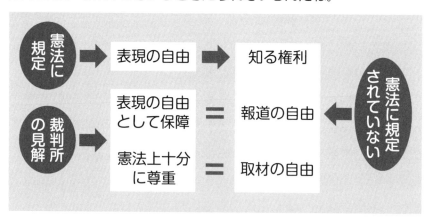

※3　報道機関の**取材の自由**については、憲法では保障されていません。判例は「十分尊重に値する」とは言っていますが、憲法21条1項で保障されるとは言っていません。

（4）表現の自由を守るために

　表現の自由は一番大切な自由だし、それが傷つけられたり、制限されたりしたら、取り返しがつかなくなるんだ。

　たとえば、日本の近隣の国のように、指導者の悪口を言うと処罰されるというような法律がもしできたら、表現の自由にとって致命傷になるんだ。

　架空の話だけど、もし日本で「総理大臣や政府のことを非難したら、懲役10年の刑に処す」という法律ができたらどうなると思う。もしそんな法律ができたら、「こんな法律を作る政府や国会は間違っているから、選挙で変えよう」と言うことすらできなくなるんだよ。

　口を開くと処罰されるので、何も言えなくなる。「選挙でみんなの意見を聞こう」と呼びかけることさえできなくなるんだ。民主主義が死んでしまうよね。

　だから、表現の自由を制限する法律などを作るときには、本当に慎重に作らないといけないし、**法律が憲法に違反していないかどうかを判断する権限**※4 を持っている裁判所も、**表現の自由を制限する法律については、厳しくチェックして、表現の自由を必要以上に制限している場合には「憲法に違反しているので、ダメ。法律の効**

力なし。」と言わなければならないんだよ^{※5}

（5）表現の自由も無制限じゃない

　こんな風に、表現の自由が優越的な自由だからといって、ほかの人を傷つけていいわけではないよ。

　たとえば、最近問題になっているような「ヘイトスピーチ」のように人種差別の発言をしたり、また「フェイクニュース」を流したりすることは、いくら表現の自由が保障されるといっても許されないよ。法律で制限されることもあるんだよ。

表現の自由も制限されることもある。

ヘイトスピーチ
（憎悪発言）

フェイクニュース
（虚偽報道）

　特に表現の自由が、個人のプライバシーや名誉とぶつかり合う場合には、表現の自由も制限されることが多いんだ。

　たとえば、週刊〇春とか、週刊新〇とかが、いろいろな人のスキ

ャンダルを雑誌に載せているけど、いつでもそれが許されるわけではないよ。内容が真実でなかったり、行き過ぎた取材をしたときには、民事上も損害賠償の請求をされたりするし、**刑事的にも処罰**※6されることもあるんだよ。だから、表現の自由を盾にして、なんでもしていいわけではないんだね。

記事の内容によっては刑事事件になることもある。

　でもね、繰り返しになるけど、表現の自由は本当に大切な自由だから、制限するにしても慎重にしなくてはならないんだね。簡単に制限すると、あとから取り返しがつかなくなるので、法律を作る国会も、法律が憲法に違反しないかチェックをする裁判所も、慎重に判断することになるんだね。

....

※6　刑法230条には名誉毀損罪という犯罪があります。

公共の福祉 ➡ 表現の自由があるからといって、映画館の中で、勝手に自分の主義主張を演説しても、それは他の人の迷惑にしかなりません。他人との関係で自由も制限されるのです。これを公共の福祉による制限といいます。公共の福祉とは、一言でいえば、人権相互の関係を調整する公平の原理です。

（6）検閲は絶対やってはいけないこと

憲法21条2項には「検閲は、これをしてはならない。」と書いているんだ。

「検閲」というのは、「**行政権が思想内容などの表現物を発表前に網羅的一般的にその内容の審査をして、不適当と判断するときは、発表を禁止する**」[7]ことだと定義されているんだね。**この検閲は絶対的に禁止されているんだ**[8]。

だって、行政権が勝手に表現内容を審査して、その発表を禁止すると、その表現は、世の中に知られずに、闇に葬られることになる。それは表現行為に対する一番ひどい制限になるよね。

だから、こんなことは許されないんだ。

実際、いまの憲法ができる前には、事実上の検閲がたくさん行わ

---

[7] この定義は**税関検査事件**で最高裁判所が示した定義です。

[8] 検閲と似たものとして、事前抑制というものがあります。これは、**公権力**が表現行為を事前にチェックして、その表現行為を何らかの方法で抑制することだと言われています。行政権だけでなく、広く公権力（裁判所も含む）が主体になっていること、**例外的に許させる場合がある**ことが特徴です。裁判所による事前差し止めは厳しい要件の下で、例外的に認められています（**北方ジャーナル事件**）。

れていて、国民の声がその時代の政府によって抹殺されたこともたくさんあった。新聞や映画なども政府にチェックされて、政府に都合のいいものしか国民の前に出されなかったんだ。

　もちろん、太平洋戦争の時に「戦争に反対する」というような表現は政府によって検閲されて、その表現をした人は捕まったりした。

　だから、その反省の意味で憲法21条2項があるんだね。

> 21条　1　集会、結社及び言論、出版その他一切の表現の自由は、これを保障する。
>
> 2　検閲は、これをしてはならない。通信の秘密は、これを侵してはならない。

もしこの世の中に憲法21条が存在しなかったら…

　表現の自由がなければ、この憲法ができてから今日までの歴史は全く違うものになっていたと思います。言いたいことが言えず、言いたいことが検閲される国であるならば、憲法ができる前の日本と同じです。

　僕がこの本を書くことも許されないし、読みたい本を読むことや好きな映画を観ることもできません。表現の自由があって本当に良かったと思います。

博多駅事件とレペタ事件
【昭和44年11月26日・平成元年3月8日】

 報道の自由と裁判所内でメモを取る自由は
どこまで認められるのか？

（表現の自由の保障の範囲）

　表現の自由はとても大切な自由ですので、表現の自由に関連する自由については、広く憲法で保障しようという傾向があります。ただ、次から次へと憲法21条から新しい自由を導くのはやっぱりまずいですので、判例も、歯止めをかけています。表現の自由から派生するものとして、知る権利や報道の自由は憲法21条で保障されているとしながらも、取材の自由や法廷でメモをとる自由については、憲法上の保障を認めていません。

（博多駅事件）

事件　博多駅事件の裁判は、博多駅周辺で起こった学生と機動隊の衝突映像を裁判所がNHKに提出要求したにもかかわらず、NHKが「取材の自由」（取材源の秘匿）を盾に、それを拒絶したことから始まったものです。

裁判と結果　判例は報道の自由が憲法21条から保障されるとする一方で、取材の自由については、「十分尊重に値する」としつつも、憲法上の保障は認めませんでした。結局、公正な裁

判の実現のために、NHKに映像の提出をさせることは、憲法的に問題ないという結論となりました。

（レペタ事件）

事件 これに対して、レペタ事件の裁判は、研究のために刑事裁判を傍聴し、メモを取ることの許可を裁判長に求めていたアメリカ人のレペタさんが、裁判長から不許可の処分を受けたことから始まった裁判です。当時新聞記者にはメモを取ることが認められていましたが、一般の傍聴人には認められていませんでした。

裁判と結果 メモを取る自由が知る権利（傍聴の自由）を補充するものとして、憲法で保障されているかが争われましたが、最高裁判所はメモを取る自由は「21条の精神に照らし、尊重されるべきだ」としつつも、憲法上の保障は認めませんでした。

博多駅事件とレペタ事件の判例はいずれも「尊重される」といいつつも、結局は憲法上の人権としては認めないというものです。確かに、新しい人権が安易に認められるのは問題ですが、判例をよく読んでみると、先に結論が決まっていて、それにつながるように、「尊重される。でも人権じゃないよ。」と言っているようにも聞こえます。

ちょっと、Good job！とは言えないかもです。

09 学問の自由

日本人ノーベル賞受賞者が多いのは学問の自由のおかげ？

　　毎年のように、日本人の中からノーベル賞受賞者が出ていて、本当に誇らしく思えますが、それが可能になっているのも、憲法23条で学問の自由が保障されているからなんですね。大学における教授などの研究者には、学問の自由が保障されていますし、それを守るために、大学の自治という制度もあります。あれ?!　大学だけなの？と思う方もたくさんおられると思いますが、歴史的に大学が研究・発表の中心であったことから、そのように考えられています。

　　学問の自由については、私、憲一朗がお話をさせていただきます。

　　学問の自由とは、**学問を研究する自由、研究したことを発表する自由、そして教授（教育）する自由**のことをいいます。私が憲法について研究し、論文を発表し、大学の学生に教えることができるのも、憲法23条が「学問の自由はこれを保障する」と定めているからです。

　さて、古くから学問研究の中心が大学であったことから、学問の自由は大学における学問の自由と考えられてきましたが、最高裁は、

部分的にですが、**普通教育の先生にも教授（教育）する自由を認めています**[1]。

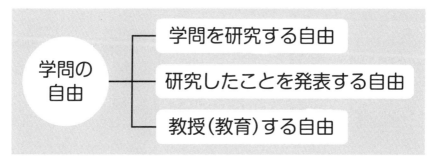

もっとも、先程お話ししたように、学問の自由の中心はやはり大学ですので、大学が国家機関から不当な干渉を受けずに、自主的自律的に学問研究を行うことが必要になります。そこで、憲法23条の学問の自由の中には、「**大学の自治**」という制度も保障されていると考えられています。「**大学の自治**」とは、大学の運営については、**大学の自主的な決定に任せるべきで、大学の内部の問題については、国家機関など外部の者が不当に干渉してはならないという制度です**[2]。

例えば、大学の内部で何か事件が起こったとしても大学からの要請もないのに、警察が独断で大学に介入することは許されません。もしこれを許すと、警察が捜査名目で大学内をいろいろと調べ、別件での捜査などが行われる可能性があるからです。いまの憲法ができる前は、秘密警察が学生に紛れて、当時の政府の方針に反する思想を持つ研究者や学生を拘束したりしました。そのことの反省もあ

※1　旭川学力テスト事件で、判例は、普通教育の教師にも部分的な教授の自由を認めています。

※2　学長・教授その他の研究者の人事の自治や施設・学生の管理・運営の自治のこと。

って、憲法には学問の自由と大学の自治が保障されているのですね。

　もっとも、古い事件ではありますが、**東大ポポロ事件**というものがあり、大学への警察の介入と大学の自治が問題になりました。これは大学の学生で組織されるポポロ劇団が上演していた演劇（**松川事件**[※3]を題材した政治的な演劇）に、私服警官４人が観客のふりをして、内偵捜査をしていたというものです。

　それを見つけた学生たちと警察官がもみあいになり、学生たちは暴行の罪で起訴されました。学生側は大学の自治を守るための正当な行為であり、無罪を主張しましたが、最高裁判所では、結局、有罪となりました（一審、二審ともに学生の主張を認めて無罪としていました）。

　最高裁は、学生は大学の自治の主体ではなく、教授や研究者が有する特別な学問の自由と自治の効果として、学問の自由と施設を利

※3　労働組合の組合員が列車を脱線転覆させたとして、起訴された戦後最大の冤罪事件。組合員は
　　死刑など重い罪に問われたが、全員に無罪判決が出された。

用できるが、真に学問研究とは言えない実社会の政治的社会的活動については、学問の自由と自治を受けられないとしました。

　昭和38年（1963年）の判例で当時の**社会的情勢**[※4]**が強く反映された判決**であるため、その評価は分かれています。

　もともと学問の自由や大学の自治が憲法で保障されたのは、国家や警察の介入を許してしまった過去の苦い経験によるものです。この様な憲法23条の背景からすれば、現在においても学問の自由や大学の自治は強く保障されるべきことになると思います。

第2章

人
権

23条　学問の自由は、これを保障する。

大学の自治と学問の自由の関係

学問の自由を城の本丸とすると、大学の自治はお堀のようなものです。
敵の侵入を防ぎ、本丸を守るお堀、それが大学の自治です。難しい言葉で「制度的保障」といいます。
制度的保障と言うのは、「大学の自治」という制度を守ることによって、本丸である学問の自由を守っているということです。

....

※4　米ソの対立下において、米国と同調する日本でも共産主義に対する弾圧が激しく行われていました。労働組合や学生運動なども警察による取締りが厳しく行われました。

もしこの世の中に憲法23条が存在しなかったら…

　日本史の教科書にもよく出てきますが、1930年代に滝川事件や天皇機関説事件というものがありました。いずれも大学の教授が唱えた学説について、政府が介入し、出版物の発売禁止や教授の処分を求めたものです。こんな風に、いまの憲法ができる前は、何を研究するか、何を発表するかについて、厳しく政府から監視されていて、学問の自由はありませんでした。

　もし憲法23条がなく自由な研究が許されなければ、毎年のように話題になる、日本人のノーベル賞受賞者が存在していたかどうかわかりません。その研究の結果、救われた数々の命や進歩した科学技術がいま存在しているかもわかりません。学問の自由の保障は単にそれにとどまるものではなくて、救命や科学の進歩にもつながるものなのですね。

◆ （参考） 日本人ノーベル賞受賞者一覧

受賞年	賞	氏　名
2019	化学賞	吉野　彰
2018	医学生理学賞	本庶　佑
2017	文学賞	カズオ・イシグロ（英国籍）
2016	医学生理学賞	大隅良典
2015	物理学賞	梶田隆章
	医学生理学賞	大村　智
2014	物理学賞	赤崎　勇
		天野　浩
		中村修二（米国籍）
2012	医学生理学賞	山中伸弥
2010	化学賞	根岸英一
		鈴木　章
2008	物理学賞	南部陽一郎（米国籍）
		小林　誠
		増川敏英
	化学賞	下村　修
2002	化学賞	田中耕一
	物理学賞	小柴昌俊
2001	化学賞	野依良治
2000	化学賞	白川英樹
1994	文学賞	大江健三郎
1987	医学生理学賞	利根川進
1981	化学賞	福井謙一
1974	平和賞	佐藤栄作
1973	物理学賞	江崎玲於奈
1968	文学賞	川端康成
1965	物理学賞	朝永振一郎
1949	物理学賞	湯川秀樹

第2章

人

権

経済的自由権

どんな仕事をしてもいいけど、他人に迷惑をかけてはいけないよ。

　　思想良心の自由や表現の自由など、精神的自由はとても大切な自由ですが、人間は精神的な活動だけをして、生きているわけではありません。毎日食事をしなくてはならないですし、家の中で考え事ばかりしていても、生活はできません。そこで、憲法は経済活動に関する自由も保障しています。仕事をして、お金をもらって、日々の生活をする。

　　こんな自由が保障されることも、実は大切なんですね。

　　経済的自由権というのは、人の経済活動の自由を保障しているものです。職業選択の自由（22条）と、**財産権**※1 が有名ですが、ここでは職業選択の自由についてお話しします

（1）職業選択の自由とその制限

　憲法22条1項には「何人も、**公共の福祉に反しない限り**、居住、移転及び職業選択の自由を有する。」と書かれています。

....

※1　これは憲法29条が保障しています。

この自由は自分の好きな**職業を選び**、そしてそれを営む（**営業する**）自由だとされています。

憲法には職業「選択の自由」と書いてありますが、選んだだけで、実際にその職業を行うことができなければ意味がないので、**選択した職業を営む自由**も保障されています。

人間は働くことによって、人格の形成もできますし、もちろんお金を稼いで楽しく生活することもできます。

だから、憲法が職業選択の自由と営業の自由を保障することは当然のことなのですが、昔の憲法のもとではそれも自由ではなかったのですね。身分制度があってやりたくてもできない職業もあったわけです。

そこで、憲法は職業選択の自由を保障したのですね。

第2章
人権

（2）精神的自由権と経済的自由権は制約の度合いが違う

　ただ、職業選択の自由に何の制限をしなかったら、大変なことが起こります。たとえば、誰もがお医者さんになりたいと思って、勝手に医者を名乗って手術をしたら大変なことになりますよね。だから、**この自由には比較的容易に法律による制限ができます**※2。

　しかも、表現の自由などの精神的な自由とは異なって、比較的広い範囲で制限をかけることができます。そして、その制限に対する裁判所の**審査**※3も**表現の自由などの場合と比べて緩やかとなっています**※4。

　なぜなら、いくら経済的自由が法律で制限されたとしても、一方で表現の自由が保障されている限り、「その法律は間違っているよ。その政策は正しくないよ。」と声を上げることができるので、裁判所が表に出てこなくても、政治的な表現と選挙を通して、その誤りを正すことができるからです。

　たとえば「自分の職業を選ぶためには、国に税金として100万円を払わなくてはならない」という法律Xができたとしたら、そんな法律を作った与党や内閣は次の選挙で大敗することになります。そして、政権交代が起こり、前の法律Xは改正されたり、廃止されたりすることになるのですね。

※2　たとえば、医者になるには医師国家試験に合格して、医師免許を取らなくてはなりません。
※3　違憲審査権のことです。
※4　これも二重の基準論です。

このように、選挙という民主的方法で解決ができるので、**裁判所は出しゃばらないようにしているのです**[5]。

二重の基準論

保障の程度

精神的自由権	＞	経済的自由権
・制限をかけることが困難 ・規制には、厳しい要件が必要である。		・制限をかけることが容易 ・合理的理由があれば規制することができる。

（3）制限する目的にも二種類ある

職業選択の自由（営業の自由）を法律で制限できるとしても、制限する目的（理由）には二種類あります。

一つは、社会の中で弱い立場の人を救済するためなど、**政策的な理由によるもの**[6]、もう一つは、そのまま放置すると**悪いことが起こってしまうので、それを防止するため**[7]に行うものです。

たとえば、同じ地域で同じ物を販売する小売店がたくさんあると、

※5 逆に、表現の自由が制限される場合には、もはや選挙によって、誤りを正すことはできなくなるので、裁判所には出しゃばってもらわないといけないわけです。
※6 積極目的規制といいます。
※7 消極目的規制といいます。

お客さんの奪い合いになって、共倒れになります。そこで、小売店と小売店の間に一定の距離をあけることを法律で定めている場合があります（その距離が開いていないと営業ができません）。

　これは経済的に強くない小規模の零細企業を保護するための法律で、社会的弱者保護という政策的にできた法律です。

　一方、先程お話しした、医師免許を取らないとお医者さんになれないという法律は、もしこの法律がないと、素人が診療や手術をしてしまい、大変なことになるので、それを防止するための消極的な法律です。

　この様に職業選択の自由（営業の自由）を制限する法律にも二種類あるのですが、裁判所は**政策的理由にもとづく法律については緩やかに審査をし、悪いことを防ぐ消極的理由の法律には少し厳しく審査をしています**[8]。

　なぜなら、政策については、裁判所は専門ではないので、内閣や国会という専門機関の判断を尊重して、**余程のことがない限り、憲法違反だとは言いませんが**[9]悪いことを防ぐための消極的理由の法律については、裁判所であっても「悪いことが起こるかどうか」の判断はできるので、**少し厳しく審査をするのです**[10]。

※8　これを**規制目的二分論**といいます。

※9　これを**明白性の原則**と言います。

※10　これを**厳格な合理性の基準**と言います。旧薬事法にもとづく薬局の距離制限について最高裁判所は厳しく審査をし、法律の目的に根拠がなく、他の規制手段もあるとして、違憲判決を出しています（P84参照）。

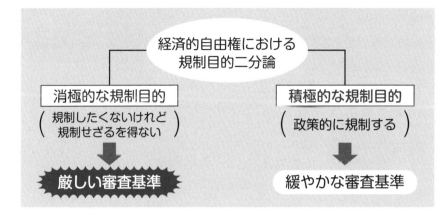

第2章 人権

> 22条　1　何人も、公共の福祉に反しない限り、居住、移転及び職業選択の自由を有する。
>
> 2　何人も、外国に移住し、又は国籍を離脱する自由を侵されない。

もしこの世の中に憲法22条が存在しなかったら…

　私は、将来、人を助けるために、お医者さんか弁護士さんになりたいと思っています。

　私の友達の中にはユーチューバーになりたいという人もいますし、声優になりたいという人もいます。みんなそれぞれ自分の夢をもって将来のために頑張っています。もし、職業選択の自由がなければ、自分の夢を持つこともできなくなってしまいますよね。日頃、当たり前のように思っていることも、実は、憲法がなければ実現できないのですね。

薬事法違憲判決
【昭和50年4月30日】

 テーマ 職業選択の自由はあるけど、
規制の範囲はどこまで及ぶのか？

事件 むかし、薬局を建てるためには、近隣の薬局から一定の距離を開けなければいけないというルールがありました。これが旧薬事法で規定されていた距離制限です。法律で定められていた適正な距離が取れない場合には、薬局を開設できず、薬局を営む自由（営業の自由）が制限されることになっていました。この規定については、営業の自由を不当に制限するものとして憲法違反ではないかが争われました。

裁判と結果 最高裁判所は、「そもそも距離制限を設けた法の目的は『薬局が乱立すると、過当な価格競争が起きて、薬の品質が下がるなどの害が発生するため』（消極目的規制）とされているけれど、実際にそんなことが起こるかわからない（本当にそんなこと起こるの?!）。もし、そんなことが起こるとしても、その場合には、後から違反者にペナルティを課せばよく、最初から距離制限をすることはやり過ぎだよ」という判決を下し、薬事法の距離制限は憲法違反だと宣言しました。

　これは、判例が規制目的二分論を採用していて、害悪を防止するための消極的な規制については、厳しい審査基準（厳格な合理性の基準）が使われることを示した有名な判例です。この判例の結果、いまでは距離制限は廃止され、都会で、〇〇キヨシの隣に、〇〇ファインが並立しているという状況になっているのですね。

　経済的自由に対する規制について、憲法判断の基準を示した画期的な判例で、最高裁判所、Good job！ということになります。

第2章

人
権

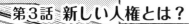

第3話 新しい人権とは？

そうだね
たとえば「表現の自由」の
重要性について
みんな わかったかな？

憲法って
奥が深いね
パパ

はーーーい

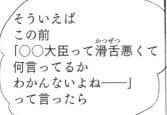

そういえば
この前
「○○大臣って滑舌(かつぜつ)悪くて
何言ってるか
わかんないよね——」
って言ったら

ダメ!!
そんなこと
言えば
捕まってしまう!!

え…？

外国から転校
してきた子が

その子
本気でおびえ
ていたの

私の方が
びっくりし
ちゃった

日本が
言いたいことの
言える国で
よかった

それも
憲法のおかげ
なのね

ホント…！
日本に生まれて
よかった

でも「表現の自由」と
いっても
ネットの誹謗中傷とか
ひどいじゃない

他人を傷つけるような
表現はよくないよね？

そう
そういうルールづくり──

つまり法律を作って
規制することは必要だ

でも ひとつだけ
忘れてはいけない
ことがある

なに？

それは憲法は
人権を守るために
存在しているので

国会が作る法律
であっても
人権を不当に侵害する
ことはできない

もし　その法律が
憲法に違反している
とわかったなら

無効になる
ということなんだ

憲法

法律 法律 法律 法律

×
法律

ええと…
つまり

憲法の理念を
実行するために

法律があるって
こと？

そのとおり！

わかっている
じゃないか
ケンタ

えへ…

じゃ　この次は
新しい人権の概念と

日本にいる外国人の
人権について
話そうか

外国人の人権？

そうそう
それ気になるわ

パパ
新しい人権って？

時代の変化に応じて
人権の考え方も
変わってくる

それを
次章で見て
いこう

はい

では　新しい
人権の保障について

それに加え
国からジャマされない
権利（自由権）と
国に要求する権利
（社会権）について
お話しします

難しそう…
私わかるかしら

幸福追求権
新しい人権の打ち出の小槌<ruby>こづち</ruby>なの?!

　憲法は人類が生み出した本当に素晴らしい法典ですが、憲法がいつも完璧であるわけではありません。憲法に欠陥がある場合も考えられますし、憲法が時代の変化に対応できなくなることもあります。たとえば、パソコンやスマホの普及、そしてGPSなど位置情報の進化を、73年前に施行された憲法は全く予測していません。そのため、いまの時代に応じた新しい人権を新たに憲法で保障する必要があります。その方法は二つあります。一つは憲法を改正して、新しい人権を加える方法。もう一つは憲法に既にある条文から、新しい人権を生み出す方法です。憲法13条の幸福追求権は後者の方法に関係します。

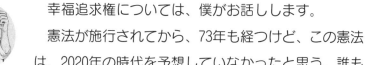

　幸福追求権については、僕がお話しします。

　憲法が施行されてから、73年も経つけど、この憲法は、2020年の時代を予想していなかったと思う。誰もがスマホを持って、SNSやメールでつながり、どこにいても連絡がつく。街角やコンビニには防犯カメラが設置され、車にはドライブレコーダーがあり、犯罪が防犯カメラによって検挙される。交通系ICカードでどこにでも移動できるし、買い物もできるけど、ど

こに行ったか、何を買ったかはすべて記録に残っている。

　こんな世界を73年前の憲法は想像もしていないと思う。

　だから、憲法にはいままで話してきたような様々な人権が保障されているけど、いまの時代に応じた新しい人権が必要になる場合もあるんだよね。社会が発展していくにしたがって、今までの人権よりも保障する範囲が広がったということなんだ。

　じゃ、どうすればいいのか？　これには二つの解決策があるんだ。一つは憲法を改正して、新しい人権を憲法で保障するというもの。もう一つは、いまの憲法に存在している条文から、新しい人権を保障するというもの。まず一つ目の方法だけど、憲法の改正には年月がかかるので、やはりすぐには難しいことになる。

　そこで、父さんたち憲法学者が目を付けたのが第二の方法、つまり憲法13条の「**幸福追求権**」から新しい人権を保障するという方法なんだ。この「幸福追求権」は、とても漠然とした権利であるけど、逆にその方が、都合がいいんだね。いろいろな権利はすべて幸福の追求につながるといえるので、新しい人権も、この「幸福追求権」の一つとして保障されると考えることができるんだね。

　よく父さんは「**幸福追求権はザルから落ちた水を掬うタライのようなもの**」と言うけど、この例えは、わかりやすいと思う。幸福追求権は憲法の人権規定からこぼれた人権をすくってくれる受け皿みたいなもんなんだね。

　でもね、何でもかんでも新しい人権として13条で保障したら、人権だらけになってしまうよね。人権が増えれば増えるほど、一つの

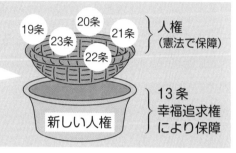

ザルからこぼれた人権を
下のタライ（幸福追求権）
で受け止める。

19条
20条
23条
21条
22条

人権
（憲法で保障）

13条
幸福追求権
により保障

新しい人権

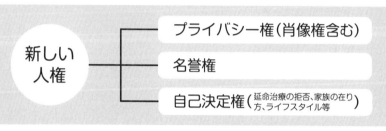

新しい
人権

プライバシー権（肖像権含む）

名誉権

自己決定権（延命治療の拒否、家族の在り
方、ライフスタイル等）

人権の価値は下がってしまう。そうすると、憲法が長い間保障して
きた表現の自由や信教の自由と言った大切な人権の価値も下がって
しまうんだ。そこで、学者の先生や最高裁判所も簡単には新しい人
権は認めていないんだね。とても難しい言葉だけど「**人格的生存に
不可欠な人権**」に限って、新しい人権として認めるという考えなん
だね。だから、新しい人権として憲法13条で保障されたのは、ほん
のわずかな人権だけで、その典型例が「プライバシー権」なんだね。
このプライバシー権は憲法13条の幸福追求権の一種として保障され
ると考えられていて、みだりに自分の姿を写真に撮られないという、
「**肖像権**」[1] というようなものもこのプライバシー権の仲間だと考

※1　**京都府学連事件**（P94）で最高裁判所はみだりに容ぼうを撮影されない権利が13条で保障され
　　るとしました。

えられているんだね。

> 13条　すべて国民は、個人として尊重される。生命、自由及び幸福追求に対する国民の権利については、公共の福祉に反しない限り、立法その他の国政の上で、最大の尊重を必要とする。

もしこの世の中に憲法13条が存在しなかったら…

　最近、個人情報という言葉をよく聞くと思うけど、これはプライバーのことなんだね。個人情報保護法という法律ができて、個人情報が保護されるようになったのも、もともとはプライバシー権が憲法13条で保障されていると考えられるようになったからなんだ。表現の自由のところでお話ししたように、表現の自由という優越的な自由であっても、制限される場合があるのは、一方で個人のプライバシーを保護する必要があり、表現の自由があっても、むやみに他人のプライバシーを暴くことはできないんだね。それに国家機関といえども国民を監視して、プライバシーを暴くことは許されないので、防犯カメラを使った捜査を行うにしても慎重でなければならないんだね。憲法13条がなければ、この世の中は監視社会になり、防犯カメラ、ドローン、ＡＩによって、僕たちは常に見張られているかもしれないんだよ。ＳＦ映画で出てきそうなロボットが人間を監視する社会は、本当に怖いよね。

京都府学連事件
<ruby>京<rt>きょう</rt></ruby><ruby>都<rt>と</rt></ruby><ruby>府<rt>ふ</rt></ruby><ruby>学<rt>が</rt></ruby><ruby>連<rt>くれん</rt></ruby><ruby>事<rt>じ</rt></ruby><ruby>件<rt>けん</rt></ruby>

【昭和44年12月24日】

 テーマ みだりに、自分の姿を撮影されない権利があることを認めた画期的な判例！

事件 当時は学生運動が盛んな時期で、よく学生が集団になって、道路を行進していました。

　京都で行われた学生運動は、学生たちが大学から出発して、京都の街中を練り歩くというもので、学生たちは、ちゃんと警察の道路使用許可を取っていました（でも、警察は学生たちが暴れるのではないかと疑っていました）。事件の当日、警察は、ルートとなっていた道路に警察官を配備するとともに、まさかの事態に備えて、警察の写真撮影班を準備していました（結構、用意周到ですね）。

　学生の行進は当初順調でしたが、先頭の学生たちが行進ルートを間違えて（うっかりさんです）、警察隊と衝突してしまいました。その衝突の現場を撮影していた写真撮影班に学生が気付き、写真撮影されていることに文句（「なにとっとるんじゃ」）を言いましたが、写真撮影班がそれを無視して写真を撮り続けたので、学生は持っていた旗竿で、写真撮影班の警察官の顔を小突いてしまい、学生たちは公務執行妨害罪で逮捕され、裁判となりました。

裁判と結果 裁判では現場の写真撮影が適法であったかが問題となりました。学生側の弁護人は「その写真は勝手に撮られたものだ。憲法13条ではプライバシー権の一種として『肖像権』というものが保障されているので、それを侵害して行われた写真撮影は違法であるので、それを阻止するために行われた行為は、公務執行妨害罪にはならない」と主張したのです（結構、無理がある主張ですね）。

そこで、最高最判所で、そもそも「肖像権」というものが憲法で保障されているのかが争われました。最高裁は「肖像権」と呼ぶかどうかは別として、みだりに、自分の姿を撮影されない権利が憲法13条から導かれ、警察が写真を撮るためには、原則的には令状が必要であるとしました。もっとも、すべての写真撮影が令状なしには行えないわけではなく、犯罪がいまそこで行われているような状況で、証拠を残しておく緊急性と必要性があり、しかも、その方法が相当（そんなにひどくない）であれば、令状なしにも写真撮影は許されるとしました。結局、現場の写真撮影が適法であったことになったので、適法な公務を妨害した学生たちは有罪となりました。憲法13条から新しい人権を認めた画期的な判例でしたが、結論的にはいまいちです。最高裁、まあまあGood job！です。

12　その他の人権

国から邪魔されない自由のほかに、国に要求する権利もあります。

　　表現の自由や職業選択の自由が保障されていても、身体を拘束されていては何もできないよね。だから、憲法には人身の自由も保障されているんです。それから、自由権というのは、国から邪魔されない権利ですが、権利の中には国にサポートしてもらってはじめて意味がある権利もあります。それが生存権などの社会権です。ここでは、その他の人権をまとめてお話しします。

　いままでみんなで精神的自由権と経済的自由権というもののお話をしました。憲法にはこの他に①**人身の自由**②**社会権**③**参政権**④**受益権**というものがあります。これから私がそれぞれの人権について、簡単に説明をします。

（1）人身の自由

　人身の自由というのは、呼び名の通り。身体に関する自由です。身体を不当に拘束されない自由のことです。身体を拘束されている状態では精神的な自由も経済活動の自由もあまり意味がありません。だから、実はこの自由はとても大切な自由なのですね。

憲法18条には、**奴隷的な拘束を受けない自由や苦役からの自由**が定められています。

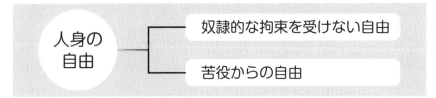

人身の自由 ── 奴隷的な拘束を受けない自由 / 苦役からの自由

奴隷的な拘束は国からはもちろんのこと、会社や経営者など民間の人からも奴隷的な拘束はされないようになっているのです。

だから、ブラック企業が従業員を奴隷のように働かせたりすると、憲法違反になってしまう可能性さえあるのですね。次に、**苦役からの自由**ですが、**苦役**とは意思に反して強制労働させられることです。実際には刑務所での懲役刑などのことですので、犯罪による処罰の場合を除いては、苦役をさせられることはないというのが苦役からの自由です。

憲法31条から39条までは、刑事手続に関するルールが並んでいます。**法律の定める手続によらなければ生命や自由を奪われないうえ、他の刑罰も受けません**（31条）[1]。

よく**警察〇〇24時**[2]というテレビで見るように、たとえ犯罪を行ったとしても、**令状がなければ身柄を拘束されたり、財産につい**

---

[1] これを「適正手続の保障」と言って、刑事手続が法律で定められ（刑事訴訟法）、その内容も適正であること、処罰する要件も法律で定められ（刑法）、その内容も適正であることを意味しています。

[2] 日本の警察の活動を取材したテレビドキュメンタリー。

[3] いままさに犯罪を行っていたという現行犯の場合は、令状がなくても逮捕されますし、逮捕の現場で捜索差押が認められています。

て捜索や差し押さえはされません[※3]（33条35条）。

　取り調べを受けるときには、自分に不利なことは話さなくてもよいし（黙秘権）、**暴力などで自白を強制されても、それは証拠としてみとめられません**[※4]（38条1項2項）。だから、もちろん古い刑事ドラマのように、あぶない刑事さんたちが、けん銃を容疑者に突きつけたり、椅子を蹴飛ばして、容疑者に自白をさせることなんてありえないのですね（笑）。

こんなシーンはドラマの中だけ！

※4　取り調べの可視化が進められています。　裁判員裁判の対象事件や検察が独自に捜査をする事件の取り調べについては、原則的に、全過程の録音・録画を義務付けた改正刑事訴訟法が2019年6月1日から施行されています。

※5　刑事ドラマでよく使われる容疑者という言葉は、正式には「被疑者」です。またドラマでは裁判に登場する犯人のことをよく「被告」と呼びますが、正式には「被告人」です。

　裁判になった場合には、弁護士をつけることができますし（37条
１項）、自白以外に証拠がなければ、有罪にされることもありませ
ん（38条３項）。こんな風に、**被疑者や被告人**<ruby>被疑者<rt>ひ ぎ しゃ</rt></ruby>や<ruby>被告人<rt>ひ こく にん</rt></ruby>※5といえども、法律
で保護されているのですね。

　これはいまの憲法ができる前は、国の体制とは違う考えを持つだ
けで、突然身柄を拘束されたり、拷問<rt>ごうもん</rt>で自白を強制されたり、ちゃ
んとした手続もなく、処罰され、時には死刑にされたという怖い過
去があるからです。こんなことにならないように、憲法は刑事手続
についてしっかりと定めているのですね。だから、もし警察に捕ま
った後に裁判で無罪の判決を受けたら、国にその補償を求めること
もできるんですね。

第2章
人権

18条　何人も、いかなる奴隷的拘束も受けない。又、犯罪に因る処
罰の場合を除いては、その意に反する苦役に服させられない。

31条　何人も、法律の定める手続によらなければ、その生命若しく
は自由を奪はれ、又はその他の刑罰を科せられない。

33条　何人も、現行犯として逮捕される場合を除いては、権限を有
する司法官憲が発し、且つ理由となつてゐる犯罪を明示する令状に
よらなければ、逮捕されない。

34条　何人も、理由を直ちに告げられ、且つ、直ちに弁護人に依頼
する権利を与へられなければ、抑留又は拘禁されない。又、何人も、
正当な理由がなければ拘禁されず、要求があれば、その理由は、直
ちに本人及びその弁護人の出席する公開の法廷で示されなければな

らない。

35条　1　何人も、その住居、書類及び所持品について、侵入、捜索及び押収を受けることのない権利は、第三十三条の場合を除いては、正当な理由に基いて発せられ、且つ捜索する場所及び押収する物を明示する令状がなければ、侵されない。

2　捜索又は押収は、権限を有する司法官憲が発する各別の令状により、これを行ふ。

36条　公務員による拷問及び残虐な刑罰は、絶対にこれを禁止する。

37条　1　すべて刑事事件においては、被告人は、公平な裁判所の迅速な公開裁判を受ける権利を有する。

2　刑事被告人は、すべての証人に対して審問する機会を充分に与へられ、又、公費で自己のために強制的手続により証人を求める権利を有する。

3　刑事被告人は、いかなる場合にも、資格を有する弁護人を依頼することができる。被告人が自らこれを依頼することができないときは、国でこれを附する。

38条　1　何人も、自己に不利益な供述を強要されない。

2　強制、拷問若しくは脅迫による自白又は不当に長く抑留若しくは拘禁された後の自白は、これを証拠とすることができない。

3　何人も、自己に不利益な唯一の証拠が本人の自白である場合には、有罪とされ、又は刑罰を科せられない。

第39条　何人も、実行の時に適法であつた行為又は既に無罪とされ

た行為については、刑事上の責任を問はれない。又、同一の犯罪について、重ねて刑事上の責任を問はれない。

第2章
人権

もしこの世の中に人身の自由が存在しなかったら…

　憲法がどうして必要かというところで、お話ししましたが、大昔は、国王や権力者が自分たちに逆らう者たちを法律の根拠もなく拘束し、裁判にかけることなく勝手に処罰していました。権力者にこんなことをさせないために、憲法が生まれたんですね。

　もし憲法で人身の自由が保障されていなければ、大昔と同じように、国民は権力者の都合で捕えられて、処罰を受けることになります。

　また、あぶない〇〇というドラマの中で行われていたかっこいい刑事さんの行き過ぎた取り調べは、ドラマの中では冗談となりますが、実際にけん銃で脅されて自白するようなことがあったら、一大事ですよね。人身の自由があってよかったと思います。

GPS捜査の適法性
【平成29年3月15日】

テーマ 警察のGPS捜査は私的領域に
不当に侵入することになるのか？

事件 ある窃盗団がいました。次から次へと、怪盗○○○のように
窃盗を繰り返していて、警察は尻尾を掴むことができず焦っ
ていました。そこで、警察は、犯人グループとみられる者の自動車に、
GPSを装着することを思いつき、無断でその者の行動を監視していま
した。警察の睨んだ通り、その者の一味が窃盗団で、警察はめでたく窃
盗団を逮捕することができましたが、裁判になった際に「どうやって犯
行を押さえることができたのか」が問題となり、警察による無断のGP
S捜査がバレてしまいました。

裁判と結果 裁判では、そもそもGPS捜査をするには、令状が必要なのか（必要ないなら、令状なしに無断でしても問題なし）が争われたのです。

憲法35条には、住居、書類、所持品に捜索差押をするには、令状が必要だと書かれていますが、GPS捜査がこれに当たるのかが問題になりました。最高裁判所は住居、書類、所持品以外にも、私的な領域に無断で侵入されないということが憲法35条では保障されているとして、GPS捜査をするには、令状が必要だとしました。「じゃ、どんな令状が適用されるの？」ということになりますが、通常の捜索差押（いわゆる「ガサ入れ」）をするためには、捜索差押令状が必要であり、テレビでも見るように、捜索差押前に「ガサ入れだ！」といいつつ、令状を示さなくてはなりません。もし、これをGPS捜査に使うとすると「ガサ入れだ！これからお前の車にGPS発信機を装着するぞ！」と言わなければならず、そんなことをすると、GPS監視がバレバレで、誰も車を使いませんよね。ということで、結局、GPS捜査に適用される令状が現行法上、存在しないということになり、こんな捜査は法律を作って新しい令状を作らない限り、認められないという結論となったのです。

GPS捜査が違法であったとすると、この窃盗団はどうなったかと言えば、結局、別の証拠により、有罪となりました。ここはめでたしめでたしです。

さて、判例の評価に戻りますが、憲法35条の中に「私的領域に不当に侵入されないことも保障されている」とした点は画期的で、すばらしいと評価されています。最高裁判所、Good job！です。

第2章
人権

（2）社会権

国家権力が個人の自由に介入しないように権力を縛ることが憲法の役割でしたね。生存権などの社会権は逆に国民の側から国に介入を求める権利と言えるんです。

権力を縛り個人の自由への介入を防ぐ

憲　法

国家権力が個人への介入を求める

国家からの自由

両面がある

国家による自由

　これは、人が人間らしく生きられるように、必要な対策や措置を国に求めていく権利のことです。いままでお話しした自由権と呼ばれる権利は、国から邪魔をされない権利でしたが、この社会権は国に対して、積極的に行為を求めていく権利です。国が存在することを前提にしている点で自由権とは違っています。

　社会権の典型例は、**生存権**と呼ばれる権利で憲法25条１項には「すべて国民は健康で文化的な最低限度の生活を営む権利を有する」と書かれています。

　歴史を振り返ると、経済が発展することによって個人の経済格差が広がり、お金持ちとそうでない人が生まれてきました。個人の努力ではどうしてもままならない経済的弱者を救うために、生存権のような社会権が必要とされてきたんですね。

こんな風に定めがあるので、この25条１項からすぐに「生活できるだけの援助をください」と国に請求できそうですが、学説や最高裁判所は、**法律で具体的に定めないと国に対して請求ができない権利だと考えています**[6]。

「健康で文化的な最低限度の生活」と言っても漠然としているので、ちゃんと法律で定めないと具体的な請求はできないと考えられているのですね。実際には**生活保護法**などの具体的な法律が定められていて、この法律を使って、国に請求ができることになっています。社会権にはこれ以外に、憲法26条の教育を受ける権利や憲法27条の勤労の権利などがあります。

第2章 人権

> 憲法25条１項があるおかげで「生活保護法」という具体的な法律ができ、実際に国民が保護を受けられるようになりました。

25条　１　すべて国民は、健康で文化的な最低限度の生活を営む権利を有する。

２　国は、すべての生活部面について、社会福祉、社会保障及び公衆衛生の向上及び増進に努めなければならない。

26条　１　すべて国民は、法律の定めるところにより、その能力に応じて、ひとしく教育を受ける権利を有する。

２　すべて国民は、法律の定めるところにより、その保護する子女に普通教育を受けさせる義務を負ふ。義務教育は、これを無償と

[6]　これを抽象的権利説（ちゅうしょうてきけんりせつ）といいます。

する。

27条 1 すべて国民は、勤労の権利を有し、義務を負ふ。

2 賃金、就業時間、休息その他の勤労条件に関する基準は、法律でこれを定める。

3 児童は、これを酷使してはならない。

もしこの世の中に社会権が存在しなかったら…

　自由権だけを保障したとしても、身体に障害を持っていて働けない人にとっては、生きていくことすら大変ですので、自由権の保障も絵に描いた餅のようになってしまいます。また世の中にはどうしても貧富の差があり、この差によって教育を受けることができたりできなかったりするのは、子供たちにとってあまりにも酷だと思います。生存権や教育を受ける権利がなければ、経済的に豊かな者だけが幸せな生活を手に入れ、それ以外の人たちは置き去りにされてしまいます。どんな家庭で生まれた子供であっても、教育を受けて、将来を切り開く可能性が与えられる。社会権の保障は本当に大きな意味を持っているのですね。

（3）参政権

　参政権とは、私たちが直接的にまたは間接的に政治に参加できる

権利のことを言います。具体的には**憲法15条の選挙権**がその例になります。この権利も自由権とは違う性質を持っていて、やはり国の存在が前提になっています。

　私たち国民が自分たちの意見を政治に反映させるためには、表現の自由のところでお話しした政治的な表現が大切になってきますが、最終的に自分たちの意見を表すのは選挙という場です。だから、選挙権は民主主義にとって、とても大切な権利になります。**平成27年に法律が改正されて、平成28年から18歳以上の国民が国の選挙や地方の選挙で選挙権を持つことができるようになりました**[※7]。

　私も高校3年生になって、選挙権を持つことができるようになったら、ぜひ選挙に参加したと思います。選挙は自分たちの考えをいまの政治に反映させることができる限られたチャンスです。ひとりひとりの一票は小さな一票ですが、それが集まれば、自分たちの将来を変えることもできます。18歳になったら、みんなで選挙に行きましょう。

> **15条**　1　公務員を選定し、及びこれを罷免(ひめん)することは、国民固有の権利である。
> 　2　すべて公務員は、全体の奉仕者であつて、一部の奉仕者ではない。

※7　公職選挙法の改正と施行。

もしこの世の中に参政権が存在しなかったら…

　民主主義があるといえるためには、国民の声を反映できる選挙が行われることが前提となります。独裁国家や軍事国家では、民主的な選挙は行われず、国民の声が政治に反映されることもありません。日本の近隣にも民主国家ではない国々がまだたくさんあって、その中には超大国もあります。テレビの報道などで、民主化運動を武装警察や軍隊が武力で弾圧するシーンを見ることがありますが、本当に怖くなります。もし国民に参政権がなかったら、私たちの日本も100年以上も前に逆戻りしてしまうかもしれません。

（4）受益権

　受益権というのは、国民が国家に一定の行為や利益を与えるように要求できる権利です。請願権や国家賠償請求権、裁判を受ける権利や刑事補償請求権が受益権にあたります。

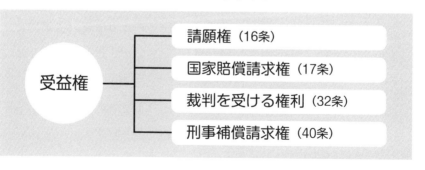

受益権
- 請願権（16条）
- 国家賠償請求権（17条）
- 裁判を受ける権利（32条）
- 刑事補償請求権（40条）

　特に、**国家賠償請求権や刑事補償請求権**※8は国（公共団体を含む）に賠償や補償といったお金を請求できる権利です。

　裁判を受ける権利については、人身の自由のところでお話ししたように、権力者の横暴から国民を守るために大切な権利で、私も興味があるのですが、国家賠償請求権や刑事補償請権は国民が酷い目にあったときに必要になる権利ですので、できればこれらの権利にはお世話になりたくはありません。

第2章
人
権

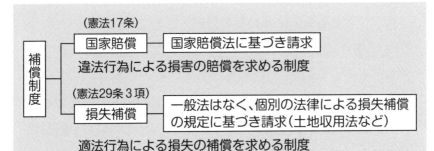

```
                （憲法17条）
        ┌── 国家賠償 ── 国家賠償法に基づき請求
補償      │   違法行為による損害の賠償を求める制度
制度 ──┤
        │   （憲法29条3項）
        └── 損失補償 ── 一般法はなく、個別の法律による損失補償
            の規定に基づき請求（土地収用法など）
            適法行為による損失の補償を求める制度
```

※憲法29条3項　私有財産は、正当な補償の下に、これを公共のために
用ひることができる。

16条　何人も、損害の救済、公務員の罷免、法律、命令又は規則の制定、廃止又は改正その他の事項に関し、平穏に請願する権利を有し、かかる請願をしたためにいかなる差別待遇も受けない。

17条　何人も、公務員の不法行為により、損害を受けたときは、法律の定めるところにより、国又は公共団体に、その賠償を求めるこ

※8　国家賠償請求権は公務員の違法な行為で国民が損害を受けた場合であるのに対して、刑事補償
　　請求権は適法・違法を問わず、逮捕・勾留のあとで、裁判により無罪の判決を受けた場合です。

とができる。

32条　何人も、裁判所において裁判を受ける権利を奪はれない。

40条　何人も、抑留又は拘禁された後、無罪の裁判を受けたときは、法律の定めるところにより、国にその補償を求めることができる。

もしこの世の中に受益権が存在しなかったら…

　憲法ができる前の昭和初期の警察・検察は、疑わしいというだけで、すぐにその人を逮捕して、威圧的な取り調べを行い（暴行などもありました）、自白をさせて、裁判で有罪にしていました。中には全くの冤罪で死刑の判決を受けた人もいました。いまの憲法では、人身の自由が保障され、適正な刑事手続を受けることができるようになり、以前のような取り調べや裁判は少なくなりましたが、それでもいまだに違法な捜査が行われていたり、また手続自体は適法であっても、実際には罪を犯しておらず、最終的に無罪の判決を受けることがあります。

　誤って犯罪者とされて、人生の大切な時間を奪われた人たちに、奪われた時間を取り戻すことはできませんが、せめて金銭的な賠償や補償はしてあげるべきですよね。違法な捜査の場合には国家賠償請求権が、また、たとえ捜査が適法でも、無罪の判決を受けた場合には、刑事補償請求権が認められることになり、わずかですが、救済がはかられています。

専門家の扉 06

～もっと学びたい人のために～

●国家賠償法について

　憲法17条を具体化した法律は、国家賠償法という法律です。ここでは国家賠償法１条が適用された特殊な事件をお話しします。

　ある警察官が非番の日に、強盗をしようと企み、非番であるにも関わらず、制服と制帽を着用し、駅のホームで、電車から降りてきた乗客に声を掛けました。「お前はスリだろ！　持ち物を調べるので、荷物を渡せ」と言い、その乗客から荷物を奪い取りました。

　この警察官の目的は、最初から金品を奪取することでした。荷物を奪われた乗客が抵抗したので、警察官は犯罪の発覚を恐れ、拳銃で、その乗客を射殺してしまったのです。

　被害者の遺族は、公務員である警察官が起こした事件ですので、国家賠償法１条にもとづいて、損害賠償請求訴訟を起こしたのですが、その警察官が非番の日であったため、国家賠償法１条の「その職務を行うについて」という要件を満たすか、争点になりました。

　この点、最高裁は「その職務を行うについて」の判断は、客観的に判断すべきだとし、たとえ強盗目的であったとしても、外見から見て、職務を行っているように見えるのであれば「職務を行うについて」に該当するとし、国賠法１条の適用を認めました。この判例は国賠法１条の適用範囲を広げたものとして、高く評価されています。

13 外国人の人権について

グローバル社会の中で、外国人も同じ人間です。

　憲法の正式名称は「日本国憲法」ですから、どうしても日本国民にだけに、憲法の人権の保障規定が適用されるように思えます。でも憲法に規定のある人権は、人類に普遍なものばかりであり、日本人に限ったものではありません。そこで、日本で生活をしている外国人の方々にも、憲法の人権保障規定が原則的に及ぶことになります。ただし、外国人という立場から、一定の権利については認められなかったり、制限されたりしています。

　私は**帰化**^{※1}をして、日本人になりましたが、帰化をする前は「日本に住んでいる外国人」という立場でした。そのためいろいろな制約を受けていました。今回、外国人の人権について、私からお話をします。私の経験談もお話ししますね。

（1）憲法の人権は外国人にも保障されるのか

※1　本人の希望により、もともとの国籍を捨て、他国の国籍を取得すること。

112

憲法（Constitution）は、人間が生まれながらにして持っている基本的人権（fundamental human rights）を保障しています。この基本的人権は国家が成立する以前から、存在するものと考えられているので、国境に関係なく、すべての人に保障されます。

　ですから、日本で生活をしている外国人にも憲法の基本的人権の保障が原則的に及びます。最高裁判所（The Supreme Court）も**マクリーン事件**[※2]という裁判で、憲法の人権保障は、**権利の性質上、日本国民のみを対象としていると解されるものを除いて、日本に在留する外国人に対しても等しく及ぶ**としています。

　この様に日本にいる外国人にも基本的人権の保障が及ぶのですが、最高裁判所も言っているように「権利の性質上」外国人に認められない人権や制約を受ける人権が存在するのです。この「権利の性質上」という言葉が最も重要なキーワードになります。

（2）入国の自由と再入国の自由

　入国の自由とは、日本に入国をする自由です。また再入国の自由は、日本から外国に一時的に旅行して、再度日本に入国する自由です。

　この自由については、**日本人には保障されていても**[※3]、外国人

....

※2　日本で英語の教師をしていたマクリーンさんがベトナム戦争に反対する運動に参加していたことを理由に、法務大臣から、日本にいる資格を奪われたという事件。外国人の入国の自由と政治活動の自由が問題となりました（P120参照）。

※3　日本に入国する自由は日本人には保障されますが、例外的に制限を受ける場合もあります。たとえば、重大な感染病に感染した日本人については、一時的に入国を認めない措置を取ることもできます。

第2章
人
権

には保障されていません。なぜなら、どの様な外国人が日本に入国するかわからない状況では、やはり日本の政府に、その外国人を入れるかどうかの判断権が与えられるべきだからです。そうでないと、危険なテロリストや感染病に感染した外国人であっても、入国を認めなくてはならなくなるからです。これは日本に限らず、どこの国でも同じです。その国に判断権があります。

 もし外国人の日本への入国、再入国が勝手に自由にできるとしたら、日本という国がどこの国なのか分からなくなってしまうよね。

（3）参政権

選挙権と被選挙権については、日本で生活している外国人には認められていません。私も日本人として帰化をするまでは、選挙権が与えられていませんでした。

どうして、外国人には選挙権が認められないかというと、憲法の**国民主権**の原理があるからです。国民主権というのは、自分たちの将来は自分たちで決めるという民主主義の原理です。そうだとすると、「日本人の将来を決める選挙権というものは日本人だけが持つべきで、将来的に日本にいるかどうかわからない外国人は持つべきではない」ということになるらしいです。

私は長い間日本に住んで、税金も払ってきましたが、帰化する前は、選挙権を与えられていませんでした。自分の意見を選挙の場で

示すことができませんでした。とても、ストレスを感じていました。私ですら、そう思うのですから、日本に子供のころから住んでいる在日の中国人の方や朝鮮人の方は、もっとストレスを感じているのかもしれません。

　この様に子どもの時から日本人と同じような生活をしている方には特別に選挙権を与えるべきではないかという運動もあるようですが、反対される日本人の方も多くて、実現は難しいようです。将来的に選挙権を持つ若い年代の方々にこの問題をどうすべきかを決めていただかなくてはならないようです。

　なお、国の将来を決める国政の選挙ではなく、地方公共団体の知事や議員を決めるという地方選挙については、外国人も、その地方の住民であるのだから、認めるべきではないかという声もたくさんあるようです。最高裁判所は、憲法上、外国人には地方の選挙権も保障されていないとしていますが、**法律を作って外国人に地方選挙の選挙権を与えることは、憲法では禁止されない**としています。つまり憲法で保障される選挙権ではなくて、法律で与えられる選挙権なら、地方選挙に限って外国人にも認められる可能性があるということです。

（4）政治活動の自由

　政治活動の自由は表現の自由に含まれていますので、日本にいる外国人にも保障されています。ただ、最高裁判所はマクリーン事件という裁判で、日本の「**政治的意思決定またはその実施に影響を及**

ぼす活動等、外国人の地位にかんがみ、これを認めることが相当でないと解されるもの」については、政治活動の自由が及ばないとしています。外国人に認められる政治活動と認められない政治活動があるというわけです。日本の将来は日本人が決めるという国民主権の考えからすると、外国人は日本人の政治的な判断に影響を与えてはいけないということらしいですが、外国人にとってはとても冷たい判決のように感じてしまいます。

（5）指紋押捺を拒絶する自由

　指紋はその人を識別する重要な個人情報ですので、指紋押捺を拒絶する権利は**プライバシー権**の一種として、憲法13条で保障されています。

　この権利が外国人にも認められるかが問題になりました。

　以前、私たち外国人は外国人登録法（現在は廃止されています）という法律で指紋の押捺が義務とされていました。

　日本にいる外国人を識別して、管理をするという目的で**指紋押捺制度**[4][5]がありました。

　ただ、日本でもそうですが、指紋を押さなくてはならないのは、通常、犯罪を行った者である場合が多く、普通の人はサインや印鑑

---

[4]　その後外国人登録法による指紋押捺制度はなくなりましたが、現在は出入国管理法でテロ対策として指紋押捺制度が残っています。

[5]　指紋押捺制度と再入国の自由（海外への一時旅行の自由）が問題になった事件としては**森川キャサリン事件**があります。日本人と結婚して日本に住んでいたアメリカ人のキャサリンさんは指紋押捺を拒絶していたので、日本から韓国へ海外旅行に行く際に、日本への再入国を拒否されました。

だけでよいことになっています。

　なぜ外国人だけが指紋を押さなくてはならないのかということで、多くの外国人がこれを拒絶して、そのため日本にいる資格を失ったりしました。そこで、この問題が最高裁判所で争われたのですが、最高裁判所は、私たち**外国人にも指紋押捺を拒絶する権利が日本人と同じようにある**と認める一方で、外国人には日本人とは違う制約があり、この権利が制約されることもやむを得ないとして、指紋押捺制度が憲法に違反していないとしました。権利はあるが、その権利は制限されるということらしいです。なんか言葉のトリックのような裁判例ですね（笑）。ちょっと皮肉です。

　2012年7月9日に外国人登録法が廃止され、新しい在留管理制度がスタートしました。

（6）社会権

　日本にいる外国人には、生存権などの社会権は保障されていません。なぜなら、社会権は国の存在が前提となるので、その**国民が所属している国によって保障されるべき**だと考えられているからです。たとえば、日本にいるアメリカ人なら、アメリカで社会保障などを受けるべきで、日本からは受けるべきではないということです。社会保障にかかるお金は相当な金額になり、日本でも将来の年金の財源などをどのように確保するべきか問題となっていますね。限られた財源の中から、まずは日本人の生活を保障するというのは、な

るほどと思えることですので、外国人に保障されないのはしょうがないかもしれません。

もしこの世の中に外国人の人権保障が存在しなかったら…

　実は、近代憲法である証（あかし）が外国人に対する人権保障だといえます。憲法は国家以前の生まれながらの人権を保障するものですから、これが外国人にも原則的に保障されるのは、憲法としての実体を備えているかどうかの判断基準にもなると思います。

　もし、外国人に日本国憲法の保障が及ばないとすると、外国人も安心して日本に来ることができないでしょうから、現在の日本のように、街中で頻繁（ひんぱん）に外国人を見かける光景はなくなってしまうかもしれません。日本が鎖国（さこく）をしていた遠い遠い昔に戻ってしまうかもしれません。

もし外国人に人権保障がなかったら
こんな時代に逆戻りね

NO!

●判例のおはなし

マクリーン事件
【昭和53年10月4日】

 日本に在留している外国人には
政治活動の自由はあるのか？

事件 アメリカ国籍のマクリーンさんは、日本の在留資格を取って、日本の語学学校で英会話の先生をしていました。当時母国のアメリカではベトナム戦争が行われていて、マクリーンさんはその戦争に反対していました。そんな折、日本でベトナム戦争の反対集会があったので、マクリーンさんはそれに参加して反戦運動をしました。しばらくして、マクリーンさんの在留期限が迫ってきたので、マクリーンさんはその更新を申請しましたが、当時の法務大臣は、マクリーンさんの反戦運動を理由に在留資格の更新を拒絶しました。

そのため裁判では、外国人の人権（入国の自由や政治活動の自由）が問題となりました。

裁判と結果 どの外国人を日本に入れるかどうかは、その国の裁量ですので、外国人に入国の自由が認められていないのは当然と言えます。最高裁判所も同じ立場です。では外国人の政治活動を理由にして、在留資格の更新を拒絶できるかですが、これは外国人に政治活動の自由が保障されているかどうかに関わります。もし、保障されているとすると、憲法で保障されていることをした結果、それを理由に在留資格の更新を拒絶されるというのはおかしな話になるからです。

　最高裁判所は、権利の性質上、日本国民に限定されているものを除いて、外国人にも日本国憲法の人権保障が及ぶとし、外国人にも、表現の自由である「政治活動の自由」は原則的に保障されるとしました。その一方で、我が国の政治的意思決定または実施に影響を及ぼす活動は、保障されないとして、外国人に認められない「政治活動の自由」があるとしました。マクリーンさんが行っていた政治活動が外国人には認められていない政治活動にあたるとは言っていませんが、結局、最高裁は法務大臣の裁量を広く認めて、マクリーンさんの行動を考慮して在留資格の更新拒絶をしても問題ないとしたのです。

　当時の日本は日米安保条約のもと、アメリカにベッタリの体制を取っていて、時のアメリカ政府の方針に反するような外国人は（たとえアメリカ人であっても）排除しなければならないという風潮がありました。法務大臣の在留資格の拒絶は、その様な状況で行われました。そして、最高裁もこれを追認しました。判例が外国人の人権保障に言及した点は評価できますが、マクリーンさんには冷たかったので、Bad job！です。

第2章 人権

09

家族生活と個人の尊厳、両性の平等

いま、家族のあり方が
問われています。

自分の好きな人と結婚して、家族を作る。夫婦がお互いに相手を尊重して、協力しながら生活する。そんな当たり前のこと。いまの憲法ができる前はそんな当たり前のことが認められていませんでした。

 今回は家族や結婚に関する憲法24条について、みんなで話し合おう。まずは憲法24条を見てみよう。

> **24条** 1　婚姻は、両性の合意のみに基いて成立し、夫婦が同等の
> 権利を有することを基本として、相互の協力により、維持されな
> ければならない。
> 2　配偶者の選択、財産権、相続、住居の選定、離婚並びに婚姻及
> び家族に関するその他の事項に関しては、法律は、個人の尊厳と
> 両性の本質的平等に立脚して制定されなければならない。

実は、憲法24条について、一部の政党から改正案が出されていて、この条文はいま話題の条文なんだよ。だから、父さんの経験も踏まえてお話しするよ。

　もともと、父さんが母さんと結婚することに父さんの家族や親戚は、そんなに前向きであったわけではないんだ。

　やっぱり文化の違う外国の人と結婚することについては、いろいろと意見を言う人もあった。でもね、憲法24条に書いてあるように「婚姻は両性の合意のみに基づいて成立」するから、父さんと母さんが合意しているのであれば、ほかの人が反対したとしても、もちろん結婚できるんだ。

　古い時代では「家制度」があって、家長という人がいた。結婚するにしても、家長が同意しなくてはならなかったんだね。

　でも、いまの憲法では夫婦が合意すれば、それで結婚できるんだよ。もちろん、父さんも家族や親戚に祝福をされたいので、みんなを説得したんだよ。キャサリンのすばらしいところをみんなに伝えた。だから、いまではみんなからキャサリンも愛されているので、本当に良かったと思う。でも、古い時代だったら、結婚できたかどうかはわからないんだ。

戦国時代には政略結婚が頻繁に行われ、同盟を結びたい相手の武将の子に自分の娘を嫁がせる、なんてことが当たり前のようにあったんだ。また、同盟を結んだ相手の武将が対立する武将に寝返ることを防ぐために、相手の武将の息子を自分の娘の婿に取るような（いわば人質）、個人の意思・人権を無視したようなことが実際に行われていたんです。

　もし、父さんと母さんが結婚していなかったら、僕とノリカはいま存在していないかもしれないんだね。想像すると、なんだか悲しくなる。

　そうだね。でもどこかでケンタとノリカとは出会っていたと思うけどね。…話を戻すけど、実は憲法24条1項の「婚姻は両性の合意のみに基いて成立」の「のみ」という言葉をある改正案は、削除しているんだ。これをどう思う。

それって、両性の合意だけではないケースも出てくるということなの？　両性の合意＋αが必要になるの？

　　　その可能性があるということだね。前にも言ったけど、戦前、結婚するには「家長」の同意が必要だったんだ。そんな時代へ逆戻りしてしまう危惧はありますね。

　確かに、核家族化が進み、家族がバラバラになって、お互いに何をしているのかわからないというのは、避けたいことだから、家族を大切にしようという考えはいいと思う。

　父さんも昔は周りにおじいさんやおじさんなど、いろいろな人がいて、いろいろな意見を聞くことができたので、いい経験になったと思う。

　でも、そのことと、結婚が自由にできないこととは別だと思うんだ。「美しい家族像」というのは、理想だけど、憲法を改正して、それを強要するのはどうかと思うよ。もちろん、いろいろな意見があり、考えがあるので、父さんが正しいわけじゃない。

　でも、父さんはいまの家族がいて幸せであるからこそ、結婚が自由にできる憲法24条は守りたいと思うんだよ。

　　　私もそう思うわ。この家族が大切だからこそ、そう思うの。

じゃ話題を変えて、24条2項について、お話しするね。

　実は2項についても、改正案があって、「配偶者の選択」という言葉が削除されて、代わりに「家族、扶養、後見」という言葉に置き換えられているんだよ。これはどう思う？

　孤独な老人がいたり、親の世話をしない人がいたりと、寂しい家庭があることを考えると、「**家族、扶養、後見**」という言葉を入れて、法律でそれを定めるというのは悪いことではないと、僕は思うよ。

　確かに、それはケンタのいう通りかもしれないけど、それって、人間の良心の問題じゃないかな。家族の世話をしようというのは、その人が自主的に決めることで、憲法を改正して法律で決めることなのかな？

　人間の良心とか自主的というのは、理想の話だよ。実際に理想通りにならないから、孤独な老人がいて、貧しい生活をしているんじゃないのかな。僕はこの点の改正はありじゃないかと思う。

　ケンタの気持ちもよくわかるし、ノリカの考えも理解できるので、お母さんはどちらとも言えない。でも、

一つだけ言えることは、お母さんがおばあさんになったときに、子供たちが本心でお母さんを支えてくれることはうれしいことだけど、法律で決まっているからという理由で世話をしてくれるのはうれしくないわ。改正がきっかけでも、そうでないとしても、最後は愛情を持って、お母さんと会ってほしいの。それが願いなの。

父さんもお母さんと全く同じだよ。憲法24条を改正するかどうかは国民みんなで決めることだけど、どのようになったとしても、将来、ケンタやノリカが優しい心を持って、父さんや母さんに接してくれることを願うよ。憲法や法律で決まっているかどうかは別にして、君たちの気持ちが大切なんだね。

第2章
人権

もしこの世の中に憲法24条が存在しなかったら…

　男女が等しく扱われ、二人の合意があれば、好きな人と自由に結婚できる。本当に当たり前のように思えることも、実は憲法24条がなければ、当たり前ではないかもしれません。

　「ロミオとジュリエット」※のような話は文学の世界ではとても素敵で感動的ですが、現実の世界ではただの悲劇です。憲法24条がなければ、たくさんの悲劇が起こるかもしれません。

※　ウィリアム・シェイクスピアの戯曲で恋愛悲劇。

第4話 国をどう治めるの？

ふうん…
今は令和の時代

憲法ができた頃と
世の中ずいぶん
変わったんだね…

はーい
みんな疲れた
でしょ

ブレイク
タイムよ

わぁ　ありがとう
ママ

いい香り♪

そう…人権の考え方も
時代とともに
少しずつ変化している

うん

そうよね

…でも
個人や家庭のあり方に
憲法はどこまで口を
はさんでいいのかしら

気になるわ

良いこと言ったね
ママ！
そのとおりなんだ

家庭の中まで
憲法理念で際限なく
定めてしまうと
いろいろ不都合が起きる

たとえば———

学校を
自由に休む
人権

自由に
喫煙できる
人権

家族扶養を
辞退できる
人権

は～～～

そりゃ
ダメだ～～～

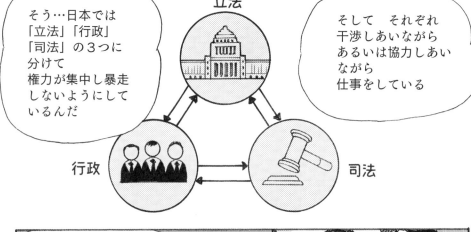

第3章

統 治

15

権力分立

国家権力の暴走を防ぐために…。

　最初の章でも言ってきたけど、ひとりの人間やひとつの国家機関に権力が集中し、それらの者が権力を濫用すると、人権の侵害は簡単に起こってしまいます。むかし、国王が全権を持っていた時代は、国王が好きなようにやって、国民に自由がなかったわけです。そこで、憲法は権力が集中しないように三つの権力に分け、権力分立の制度を定めているのですね。

　もっとも、国家の緊急事態（きんきゅうじたい）に政治のリーダーたちへ権限を集中すべきという考えもあり、それを国民の代表者である国会が作った法律で実現することは可能です。法律であれば、問題が起こった場合にそれを改めることができるからです。ただ、法律ではなく、憲法自体を改正して、国家緊急権などの強大な権限を行政権に与えてしまうと、それが濫用された場合に取り返しがつきません。いまだからこそ、慎重に権力を監視できる権力分立の制度が重要になります。

　人権についてひと息ついたので、今度は国会、内閣、裁判所という、いわゆる統治機構についてお話しします。

まずスタートラインは権力分立というものです。

憲法は、立法権を国会に、行政権を内閣に、そして、司法権を裁判所にそれぞれ与えています。

どうして、別々の機関に与えているかというと、それぞれが暴走をしないようにお互いにチェックし合うためです。

すでにお話ししたように、古い時代の国王というのは、一人で法律を作り、それを一人で使い、そして、一人で裁判をしました。自分に都合の良い法律を作って、それに従わない国民を捕まえ、そして、自分の判断で処罰していました。

この経験からわかると思いますが、一人の者に権力が集中すると、どうしてもそれが濫用されてしまいます。

そこで、近代の憲法では、権力分立制が採用されていて立法、行政、司法という国家権力は別々の機関に与えられ、それぞれの機関が互いに監視して、権力が濫用されないようにしているのです。

日本国憲法でも、権力分立制が採用されていて、立法権は国会に（憲法41条）、行政権は内閣に（憲法65条）、司法権は裁判所に（憲法76条）与えられています。

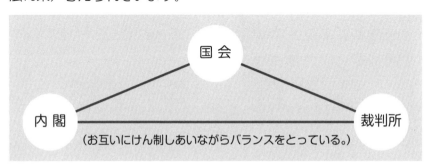

なお、これら三権とは別に、**憲法92条から95条まで、地方自治の規定があります**。これは中央政府とは別に地方公共団体に、**住民自治**[※1]と**団体自治**[※2]を保障しているものですが、この制度も権力分立とかかわりがあります。中央と地方で権限を分配することにより、中央政府の権限濫用を防止しようとしているわけですね。

　また国難（大災害や新型ウイルスの発生など）があって、中央政府が機能していない場合にも、**地方公共団体とそのリーダーが独立して活動できることによって、住民が救済されるようにする目的もありますね**[※3]。

　次の項で三権の説明をしていきます。

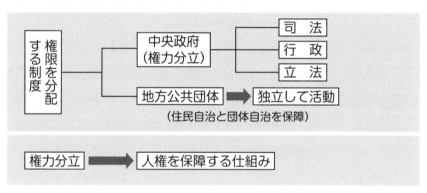

41条 国会は、国権の最高機関であつて、国の唯一の立法機関である。

65条 行政権は、内閣に属する。

※1　住民自らがその地方公共団体の長や議員を選び、その将来を決めるというシステム。

※2　地方公共団体が中央政府から独立して、自ら活動を行うというシステム。

※3　新型コロナ感染症による緊急事態宣言下において、大阪府の吉村知事、東京都の小池知事、北海道の鈴木知事が国と異なる独自の政策を行って評価をされました。

> **76条** すべて司法権は、最高裁判所及び法律の定めるところにより設置する下級裁判所に属する。
>
> **92条** 地方公共団体の組織及び運営に関する事項は、地方自治の本旨に基づいて、法律でこれを定める。

もしこの世の中に権力分立が存在しなかったら…

　すでにお話をしたように、権力者がその権力を濫用することを防ぐには、その者に権力を集中させないことです。どんなにすばらしい人格の持ち主であっても、いざ強大な権力を手に入れてしまうと、人が変わったようになることもあります。それが人間というものです。

　一人の指導者にすべての権力が集中している日本の近隣の国を思い出してください。

　その国の国民は幸せそうに見えますか。人権を保障されているでしょうか。その指導者は良心を持って国民のために権力を行使しているでしょうか。そうは見えないですよね。

　だから、人間の良心という壊れやすいものを信頼するよりも、しっかりと憲法で権力を分散して、お互いにチェックをさせることが必要なのですね。権力分立は権力の濫用から、国民の人権を守る大切な仕組みなのです。

16

国会（立法）
みんなが選んだ国民の代表者が法律を作る！

国民の意思を国政に反映させるために国会は存在しています。

国会議員に様々な特権が与えられているのも、国会議員が特別な人間だからではなく、国民から委ねられた仕事をしっかりと行えるようにするためです。憲法が国会を国権の最高機関と表現し、唯一の立法機関としているのも、国会が国民に最も近い存在であり、国民のために働く機関であるからなんですね。

憲法41条には「**国会は国権の最高機関であって、唯一の立法機関である**」と書かれ、また憲法43条１項には「両議院は、全国民を代表する選挙された議員でこれを組織する」と書かれているんだね。

国会は選挙で選ばれた国会議員で組織され、法律を作るので立法府といわれるんだ。

ここで法律を作るんだ！

国会議事堂

（1）「国権の最高機関」の意味は？

　この言葉を最初に見たときに、僕も国会はすべての権力の中で、一番上の国家機関だと思ったんだ。でもね、もしそうだとすると、国会は内閣や裁判所を監視して、いろいろな干渉ができるけど、内閣や裁判所は国会に対してチェックできないことになるかもしれないよね。そこで、よく調べてみると、この「最高機関」という言葉にはそんなに深い意味はないらしくて**国民に最も近い存在であることを表しているだけみたいです**[1]。

（2）「唯一の立法機関」の意味は？

　この言葉をそのまま読むと、たった一つの立法機関ということになるよね。じゃ「立法って何？」なんだけど、「法律を作る」という意味だよね。つまり、国会は法律を作ることができるたった一つの国家機関ということになるんだ。

　ここまで分かれば十分なんだけど、唯一の立法機関をさらに掘り下げると、「**国会中心立法の原則**」と「**国会単独立法の原則**」があるらしいよ。「国会中心立法の原則」というのは、法律を作れるのは国会だけで、**行政権や司法権は法律を作ることができないという原則なんだ**[2]。当たり前だよね。

第3章 統治

※1　政治的美称説（びしょうせつ）と呼ばれています。
※2　政府が閣議決定だけで、法律の解釈を変えてしまうことは、国会中心立法の原則に違反することになります。

でもね、原則という言葉には例外もあるんだね。たとえば、最高裁判所が裁判所全体のルールを定める「規則」という法律のようなものを作るらしいけど、その「規則」を作れることは「国会中心立法の原則」の例外とされているんだ。

　それから「国会単独立法の原則」というのは、法律を作る手順はすべて国会だけでしなくてはいけないという原則だけど、この原則も例外があるらしい。たとえば、憲法95条に地方特別法というのがあって、特定の地方公共団体だけに使う法律については、国会がその法律を作っても、その地方の**住民が住民投票をして、半分を超える同意がなければ、法律として成立しないとしているんだね**。国会以外に住民の参加が必要なので、「国会単独立法の原則」の例外になっているんだね。

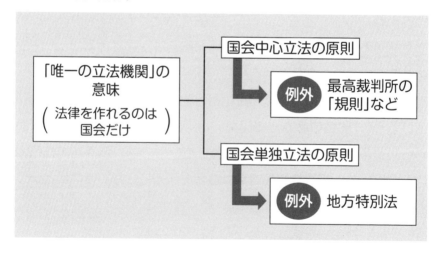

（3）「全国民を代表する」の意味は？

　国民すべてが直接国の政治に参加することは物理的にも不可能ですよね。そこで、僕ら国民が代表者（国会議員）を選び、その代表者を通じて行動するという形式をとっているんだね。これを**代表民主制**や**間接民主制**と言います。

　ちなみに、国会議員の選挙は選挙区が決められて選挙が行われたり、政党に投票する**比例代表制**[3]が取られているけれど、国会議員はその選挙区やその政党の代表というわけではなくて、最終的にはすべての国民の代表だと考えられているんだ。実際にその様な活動をしている国会議員がいるかどうか、少し首を傾げてしまうこともあるけど、国会議員は選挙区や党の代表ではなくて、最後には、**すべての国民のために行動することになっているんだね**[4]。

（4）衆議院と参議院があるのはなぜ？

　国会には衆議院と参議院があるけど、どうして二院があるかというと、国会で何かを決めたり、法律を作るときに慎重にするためなんだね。任期が違ったり（**衆議院議員４年、参議院議員６年**）、解散があったり（衆議院には解散がある）、３年ごとに半数が改選されたり（参議院は**半数改選制**です）と、違うタイプの院があること

※３　衆議院議員選挙は拘束名簿式比例代表制で、参議院議員選挙は非拘束名簿式比例代表制です。

※４　新型コロナ感染症などの対策については、政党間で対立するのではなく、国民のために一体となって活動することが必要ですね。

で、違う視点から、慎重に国会での活動を行うようにしているんだね。

　ちなみに、二つの院で意見の対立などがあったときには、**衆議院の判断の方が優越する**※5とされているけれど、それは参議院の任期が6年と長いのに、衆議院の任期は4年と短く、しかも解散があるので、衆議院が一番直近の国民の声を集めた議院と言えるからなんだね。

衆議院の優越はこれだけあります	
議決の効力	①法律案の議決（59条） ②予算の議決（60条） ③条約の承認（61条） ④内閣総理大臣の指名（67条）
権限事項	①予算の先議権（60条1項） ②内閣不信任案の議決権（69条）

（5）国会議員の特権

　国会議員には①**歳費**という報酬をもらえるという特権②国会の会期中には**原則的に逮捕されない**※6という特権（**不逮捕特権**）③国

※5　衆議院には、予算を先に議決する権限がある他、法律案の議決・予算の議決・条約の承認・内閣総理大臣の指名で参議院よりも優越的地位にあります。

※6　会期中でも現行犯で逮捕された場合や所属する議院のお許しがある場合は例外的に逮捕されます。ただし、元法務大臣が逮捕されたケースのように、検察は国会議員のこの特権を尊重して、国会の会期が終了するのを待って逮捕に踏み切ることが多いようです。

会での発言や国会議員としての活動において、院外で刑事責任や民事責任などを負わないという特権（**免責特権**）があります。国民の代表者として、存分に活動できるように、いろいろな特権で守られているんだ。こんな特権があるからこそ、不正をした国会議員が、会期終了後、直ちに逮捕されるということが起こるんだね。

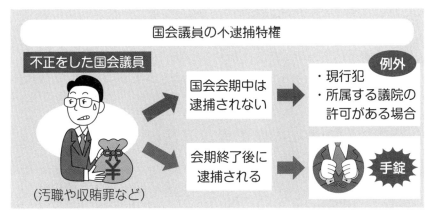

国会議員の不逮捕特権

不正をした国会議員

（汚職や収賄罪など）

国会会期中は逮捕されない → 例外 ・現行犯 ・所属する議院の許可がある場合

会期終了後に逮捕される → 手錠

（6）国会と議院のできること。

　法律案を議決したり、予算の議決をしたり、内閣が外国と結んだ条約を承認したり、内閣総理大臣を指名したり、そして、憲法改正の案を出したりと、これらの行動は国会全体としての活動であり、**国会の権限です**[※7]。これに対して各議院が議院内部のルール（規則）を定めたり、院の秩序を乱した議員に罰を与えたり、又は強力な調

※7　本文以外に、裁判官をやめさせるかどうかの裁判をする弾劾裁判所を設置することも国会の権限です（憲法64条）。また国の財政に関しても、国会には様々な権限が与えられています（憲法83条〜90条）。

査権（国政調査権）を使ったりすることは、衆議院、参議院、それぞれの議院に与えられた権限です。

> **41条** 国会は、国権の最高機関であつて、国の唯一の立法機関である。
>
> **42条** 国会は、衆議院及び参議院の両議院でこれを構成する。
>
> **43条 1** 両議院は、全国民を代表する選挙された議員でこれを組織する。
>
> **2** 両議院の議員の定数は、法律でこれを定める。

もしこの世の中に国会が存在しなかったら…

　民主主義では、国民が自分たちの将来を自分たちで決めるのが原則です。ただ、国単位になると、国民全員が一堂に会して、議論をすることは不可能ですし、かえって収拾がつかなくなってしまいます。だから、間接的に国民の声を国政に反映する間接民主制（代表民主制）が必要になるのですね。もし国会がなければ、新国立競技場に10万人の人が集まって、会議をしているような状況になります。その方法で結論がでると思いますか?!　10万人でも不可能ですよね。実際の有権者はその何百倍もの人数がいますので、有権者が全員集まるというのは、不可能です。国会があってはじめて、私たちの意思が国会議員を通じて国政に反映されるのですね。

専門家の扉 **07**
〜もっと学びたい人のために〜

●衆議院の優越（ゆうえつ）について

　国会の権限のところでお話しした、**法律案の議決、予算の議決、条約の承認、内閣総理大臣の指名**については、衆議院と参議院いずれにも、その権限がありますが、両院が対立する場合の調整として憲法は衆議院の優越を定めています。今回はこの話をします。

　衆議院は任期が４年で解散もあることから、任期が６年の参議院と比べて、最も直近の国民の意思を反映した議院といえます。

　そこで、衆議院は参議院よりも優越することになります。

　たとえば、予算を先に議決する予算先議権は衆議院にだけ与えられていますし、予算、条約、内閣総理大臣の指名で、両院が対立した場合は、両院協議会を開いても意見が一致しない場合は、衆議院の議決が国会の議決となります（衆議院の議決後、参議院が一定の期間内に議決をしない場合も同じです）。法律案の議決については、慎重に行う必要があるので、衆議院と参議院が対立する場合は、衆議院で出席議員の３分の２以上で再可決する必要がありますが、それでも再可決があれば、衆議院の議決が優先します。

国会議員の任期 ➡ 衆議院 ４年 ／ 参議院 ６年 ➡ ３年ごとに半数を選挙！

第3章 統治

17

内閣（行政）
内閣総理大臣は
日本の舵取り役です。

　　内閣は行政権のトップであり、そのリーダーである内閣総理大臣には強大な権限が与えられています。この権限を国民のために正しく使っていただければ、国民の生命や安全は守られ、また国民生活は豊かになります。逆にこの権限が誤って使われることになれば、国民にとって、マイナスとなる事態が発生します。

　　憲法が「内閣は国会に対して連帯責任を負う」と定めて、国会によるコントロールを認めているのも、裁判所に違憲審査権を与えて、内閣の行き過ぎた行動をチェックさせているのも、すべて内閣や内閣総理大臣がその権限を正しく使うようにするためなんですね。

※違憲審査権⇒法律や行政行為が憲法に違反していないかを判断する権限。

そもそも内閣って何？ ➡日本の行政府であり、内閣総理大臣を長として各国務大臣で組織される合議制の機関のこと。

内閣の仕事は多岐にわたり、国会（立法権）、裁判所（司法権）の仕事以外全部と思ってください。

では、私から内閣についてお話しします。最初に憲法が採用している**議院内閣制**についてお話しします。

（1）議院内閣制

議院内閣制というのは、内閣が国会の**信任**※1のもとに存在しているという制度です。

内閣が**国会に連帯責任**を負っていて（憲法66条3項）、国会は内閣の行動をチェックできる立場にあるということです。内閣総理大臣が国会議員の中から選ばれるということ（憲法67条）や国務大臣の過半数は国会議員でなくてはならない（憲法68条）というのは、憲法が議院内閣制を採用していることの証拠です。

日本の議院内閣制はイギリスの議院内閣制をまねたらしいです。議会とは関係なく、大統領が国民により選ばれるアメリカ合衆国とは明らか違っているのですね。

このように、日本の憲法は議院内閣制を採用しているので国会と内閣が対立するということはあまり起こりません。

なぜなら、内閣総理大臣には結果的に国会の多数党（与党）の代表者が選ばれ、その者が国務大臣も選ぶので、内閣の意思と国会の多数党の意思にはほとんど違いはないからです。

私も時々国会中継を見たりしますが、与党が内閣総理大臣に質問

第3章 統治

※1　信用して任せることです。

したりするときには、内閣総理大臣が聞いてほしいことを与党の代表者が聞いているみたいで、なんだか台本のあるお芝居みたいに感じます。

（２）内閣のお仕事

　内閣は行政活動を行います。法律を実際に使ったり（執行）、外国と関係を作ったり、条約を結んだり、そして、国の予算を作るのも内閣の仕事です。それから、天皇陛下が国事行為という形式的な行為をする際に、アドバイス（助言）と同意（承認）を与えるのも内閣の仕事です。

（３）内閣総理大臣のお仕事

　内閣総理大臣は内閣のトップにいる人で、行政権の各分野を指揮したり、監督したりします。内閣総理大臣はその他の大臣を自分の判断で任命し、またクビにすることもできます。
　また内閣が一体となって行動できるようにするために、他の大臣が犯罪の疑いで起訴されそうになるときでも、内閣総理大臣が同意を与えないと、検察は起訴ができないことになっています。

（４）内閣の総辞職

　内閣は次の場合に総辞職（全員辞めること）します。一つ目は①衆議院による内閣の不信任の場合、二つ目は②内閣総理大臣が欠けたときです。

　まず①についてですが、衆議院で内閣の不信任の決議案が可決されたときや信任の決議案が否決されたときには、内閣が対抗手段として、**10日以内に衆議院を解散しなければ**、自らが総辞職することになります。つまり、国会（衆議院）の内閣不信任案決議と内閣の解散権という、お互いの切り札によって緊張関係が生まれ、両者の均衡を保ちながら、国政に向かっていくことになるのです。議院内閣制のもとでは先ほどお話ししたように、与党の代表者が内閣総理大臣になり組閣するので（内閣を作ること）、衆議院による内閣不信任案の可決はめったにないことなのですが、時々ですが与党の中で派閥の対立などが起こり、**総理大臣の所属する派閥とは別の派閥が謀反（む）（ほん）を起こすような形で、不信任案が可決される場合もあります。**※2

　次に②ですが、これは内閣総理大臣が**亡くなったり**※3、国会議員の地位を失ったような例外的場合に起こります。

　ところで、①の場合に、内閣が総辞職しないで、対抗的に衆議院を解散した場合、その内閣はどうなるかというと、選挙で新しい衆議院議員が選出され、初めて国会が召集された場合に、結局、**総辞職することになります**※4。その理由は、内閣総理大臣を選んだ衆議院議員とは違う衆議院議員が新たに選挙で選出された以上、前の衆議院議員によって選ばれた内閣総理大臣とその他の大臣は今の衆議院から信任を受けた人たちではないので、一旦は総辞職すること

※2　宮澤喜一内閣において不信任決議が可決され総辞職したケースがあります。
※3　小渕恵三内閣総理大臣が亡くなった際に内閣総辞職がありました。
※4　ただし、総辞職しても、新しい内閣総理大臣が任命されるまでは、旧内閣は仕事を続けます。

になるのです。

　そして、あたらしい総理大臣を選び内閣を作るのです。

まとめの図

　行政権とは、すべての国家の権限のうちから立法権と司法権を除いたものと定義されているんです（控除説）。その行政権を執行するのが内閣の仕事なんですね。

国家権力の図

立法	行政 （内閣の仕事）	司法

65条　1　行政権は、内閣に属する。

66条　1　内閣は、法律の定めるところにより、その首長たる内閣総理大臣及びその他の国務大臣でこれを組織する。

2　内閣総理大臣その他の国務大臣は、文民でなければならない。

3　内閣は、行政権の行使について、国会に対し連帯して責任を負ふ。

67条　1　内閣総理大臣は、国会議員の中から国会の議決で、これを指名する。この指名は、他のすべての案件に先だつて、これを行ふ。

2　衆議院と参議院とが異なつた指名の議決をした場合に、法律の定めるところにより、両議院の協議会を開いても意見が一致しないとき、又は衆議院が指名の議決をした後、国会休会中の期間を除いて十日以内に、参議院が、指名の議決をしないときは、衆議院の議決を国会の議決とする。

68条　1　内閣総理大臣は、国務大臣を任命する。但し、その過半数は、国会議員の中から選ばれなければならない。

2　内閣総理大臣は、任意に国務大臣を罷免することができる。

69条　内閣は、衆議院で不信任の決議案を可決し、又は信任の決議案を否決したときは、十日以内に衆議院が解散されない限り、総辞職をしなければならない。

70条　内閣総理大臣が欠けたとき、又は衆議院議員総選挙の後に初めて国会の召集があつたときは、内閣は、総辞職をしなければならない。

71条　前二条の場合には、内閣は、新たに内閣総理大臣が任命されるまで引き続きその職務を行ふ。

72条　内閣総理大臣は、内閣を代表して議案を国会に提出し、一般国務及び外交関係について国会に報告し、並びに行政各部を指揮監督する。

第3章
統治

もしこの世の中に内閣総理大臣が存在しなかったら…

　内閣総理大臣は、行政権のトップなので、国内政治でも、国際政治でも、日本のリーダーとして、活動します。サッカーやラグビーに例えると、最前線で自らプレーをしながら、日本チーム全体に指揮を行うプレーイングマネージャーのような存在です。

　内閣総理大臣はこのように日本を引っ張るリーダーですから、内閣総理大臣がいないと日本は前に進めません。国内でも国外でも日本人をどのような未来に導くかは内閣総理大臣の手腕にかかっています。

　日本が平和で何事もない時には、内閣総理大臣の実力はそれ程明らかになりませんが、日本が国難になったとき、内閣総理大臣の本当の力がよくわかります。日本が前例のない不況に陥ったとき、日本が震災など災害に襲われたとき、日本が未知のウイルスと戦うとき、内閣総理大臣が日本の未来、日本人の未来を決めることになります。こんなに重要な人物である内閣総理大臣については、私たちは日頃からしっかりとその言動や動向を見ていなければならないと思います。そして、もちろん、選挙権を持っている人達は、日本のリーダーを選ぶことにつながる国政選挙においては、どの政党の誰がリーダーにふさわしいか、しっかりと考えて、一票を入れる必要がありますね。

専門家の扉 ⑧

〜もっと学びたい人のために〜

●「文民」の意味について

　憲法66条には、内閣総理大臣は必ず国会議員、その他の大臣の過半数も国会議員というルール（66条１項）の外に、すべての大臣は「文民」でなければならないというルールもあります（憲法66条２項）。「文民」の意味については、いろいろな説がありますが、多数説は「これまで、職業軍人であったことがない者」と考えています。

　ただ、自衛隊が実際に存在することを考えると、この多数説の定義に加えて「現在自衛官でない者」という要件も付け加えるべきだという説が有力になっています。

　文民である政治家が軍隊を民主的に統制するという「シビリアンコントロール」の趣旨から66条２項が規定されたことからすると、大臣が「自衛官」であることは、この趣旨に反することになるので有力説のように文民には「現在自衛官でない者」という要件を加えるのが適切のように思えます。

第３章

統治

18 裁判所（司法）

裁判所はどうして「最後の砦」？

　裁判所は民主主義から、一番遠い存在です。国民は裁判官を選挙で選ぶことはできませんし、最高裁判所の裁判官を除いて、国民が裁判官をやめさせることもできません。それにもかかわらず、憲法は裁判所に、違憲審査権（いけんしんさけん）という強力な権限を与えて、国民の代表である国会が作る法律や内閣など行政権の行為に対して、裁判所が「NO！」を突きつける権限を与えています。その理由がわかったとき、みなさんも、おそらく裁判所を好きになり、そのシステムを定めている憲法のことが好きになるかもしれません。

　ここは私がお話ししましょう。裁判所の役割は日本国憲法において本当に大切ですので、みなさんにもしっかり分かっていただきたいと思います。

裁判所って何をするところでしょうか？ ➡憲法76条１項は、すべて司法権は裁判所に属するという意味のことが書かれてあるんです。つまり三権分立のうち司法権を行使するのが裁判所の役割なんです。そして、裁判所は誰かと誰かの間に紛争（争いごと）が起き

た場合に、求めに応じてそれを解決するのが仕事なんだね。しかし、裁判所はすべての紛争を解決するわけではありません。あとでもお話ししますが、それには条件が2つあって、まず、当事者に具体的な権利・義務があるかについての紛争であること。2つ目は法律を適用することによって解決できること。この2つの条件がないと裁判所は取り扱ってはくれないんです。あとでも出てきますが、例えば、数学の定理が正しいかどうかは裁判所では判断してくれません。これをまず覚えておいてくださいね。

（1）人権保障の最後の砦

　裁判所つまり司法権は、よく「**人権保障の最後の砦**」と呼ばれます。私も最初にこの言葉の意味を知ったとき、何だか胸が熱くなりました。では、どうして裁判所が「人権保障の最後の砦」なのかと言えば、実は裁判所が民主的な機関ではないからなんです。

　なんか矛盾している感じで、私も最初はその意味が分かりませんでした。でも理解すると、少し感動してしまいます。

　これから説明します。

　最高裁判所以下のすべての裁判所にいる裁判官は民主的な選挙で選ばれた人ではなく、司法試験という国家試験に合格した職業裁判官です。これには重要な意味があります。

　民主主義と言っても、いまの制度における民主主義は多数決で結論を決める民主主義です（これを**多数派民主主義**といいます）。た

とえば、選挙においては、多数派の意見が反映されて国会議員が選出され、その国会でも多数党の党首が行政権の長である内閣総理大臣になって、内閣を作ります。

　そうすると、マジョリティー（多数派）の意見を反映した法律が成立し、多数派の代表である内閣総理大臣をリーダーとする内閣が、その法律を使って行政を行います。

　その結果、何が起こるかと言えば、多数派の作った法律で、マイノリティー（少数派）の人権が侵害されることが起こるのです。

　その場合に、少数派の人々が「この法律は私たちの人権を侵害する憲法違反の法律です」と訴えを起こしたとしても、もし、裁判官も民主的な選挙で選出されるとすると、どうなると思いますか？

　やはり自分を選挙で当選させた多数派の意見を尊重した裁判が行われるかもしれません。法の下の平等に違反している法律であったとしても、多数派の意思を尊重して、その法律が憲法に違反しない（合憲である）と判断するかもしれません。

　このようなことが起こらないようにするためには、裁判官は、民主的ではない存在であることが必要になります。

　多数派の意見に左右されず、その法律が客観的に憲法に違反しているかどうかを判断する職業裁判官であるからこそ、少数派の人権も守ることができるのです。

　以上のような理由から、裁判所（司法権）は「人権保障の最後の砦」と呼ばれるのです。多数決によって少数派の人権が侵害されないように、裁判所が最後の砦になって、人権を守っているのですね。

（2）裁判所はどんな場合に救済してくれるの?

　日本国憲法のもとでの裁判所は具体的な事件が起こり、裁判所がそれを最終的に解決できるという要件がそろわないと、裁判をしてくれません。このことを難しい言葉で「法律上の争訟」といいます。

　たとえば、ある法律ができて、その法律が少数派の人権を侵害する恐れがあったとしても、それだけでは裁判はしてもらえません。実際にその法律によって、少数派の人権が侵害されるという事件が起こってはじめて裁判となるのです。

　裁判所は人権の救済をする機関ですから、救済を必要とする具体的な人権侵害が起こらないと裁判はスタートしないのです。

　また裁判所が最終的（法律的）に解決できないような事件については裁判を行いません。ある科学者が「私の発明はノーベル賞をもらうべき発明なのに、何年たってもノーベル賞がもらえない。これは私の名誉を侵害している」と訴えても裁判所は裁判を行いません。なぜなら、その人にノーベル賞を与えるべきかどうかの判断は裁判所にはできないので、こんな訴えをされても、裁判所が最終的にその人を救済することができないからです。

（3）裁判所の種類

　裁判所は大きく分けて、最高裁判所と下級裁判所にわけることができます。

下級裁判所は、さらに
高等裁判所、地方裁判所、
家庭裁判所、簡易裁判所
などに分類されます。

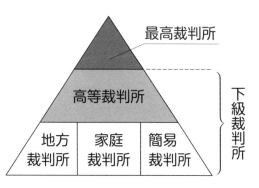

日本の裁判所は最高裁
判所を頂点とする通常裁
判所の系列になってい
て、特定の人や事件のみを扱う**特別裁判所**[※1]は認められていませ
ん。これはいまの憲法ができる前には、軍法会議など、特別な裁判
所が存在し、その裁判で人権の侵害が行われたという苦い経験によ
るものです。

> 国会内で開かれる弾劾裁判所は特別裁判所の例外です。

（4）裁判官の任命

　最高裁判所の長官は内閣が指名し、天皇が任命します。長官以外
の最高裁判所裁判官は内閣が任命し、天皇が**認証**[※2]します。

　下級裁判所の裁判官は、**最高裁判所が指名した者の名簿**を使って、
内閣が任命することになっています。

　このように裁判官の指名・任命には、内閣がかかわることになっ

※1　裁判官を弾劾するかどうかの裁判を行う弾劾裁判所は、国会によって組織される特別裁判所で
すが、これは憲法が認めた例外だと考えられています。

※2　形式的に認める行為です。

ていますが、それは裁判官が暴走してしまうことを防止するためです。

　すでにお話ししたように、日本の裁判所は、民主的ではない機関であり、そのために人権保障の最後の砦になっているのですが、裁判官に対する民主的なコントロールが一切存在しないとすると、裁判官が「多数意見がどうであれ、私の判断が絶対的に正しい」と暴走してしまうかもしれません。

　そこで、指名・任命については民主的機関である内閣がかかわることになっているのです。

　もっとも、内閣によるコントロールがあるとすると、結局裁判所も内閣や国会から干渉されることになり、人権保障の最後の砦としての役割が果たせないのではないかと思う方もいるかもしれません。そこで、憲法には次にお話しする**司法権の独立**という制度があるのです。

（5）司法権の独立

　裁判官の任命には内閣が関与することになりますが、裁判官になったあとは、内閣や国会、さらには別の裁判官からも不当な干渉をうけないように制度が設けられています。

　それが**司法権の独立**[3]です。

　まず、裁判官は、裁判官としての良心に従って独立して職権を行

※3　裁判官や裁判所が他の国家機関から干渉されずに、人権を守る役割を果たすためには、司法権の独立が必要になります。

うことになっていて、裁判官が拘束されるのは**憲法と法律**だけです。また裁判官には身分の保障があり、相当額の報酬を受け取り（在任中は減額されません）、また「心身の故障のために裁判官としての仕事を行うことができない」と裁判（分限裁判）で判断された場合のほかは、**弾劾裁判所**[※4]で罷免（クビに）されない限り、**裁判官の地位が守られます**[※5]。

　このような裁判官としての独立の他にも、司法全体の組織としても独立が保障されていて、**各裁判所は最高裁判所が作ったルール（最高裁判所規則）にもとづいて裁判を行うこととされています**[※6]。

分限裁判➡裁判官分限法に基づき、裁判官の免職と懲戒を決定するために裁判所内で開かれる裁判のこと。

（6）裁判所の最も大切な仕事は違憲審査をすること

　裁判所は、通常、**民事・刑事**[※7]などの裁判や家庭にかかわる裁判を行っていますが、裁判所の一番大切な仕事は、憲法に違反する法律や行政行為から、国民の人権を守ることです。

　裁判所が「人権保障の最後の砦」であるのは、裁判所に**違憲審査**

※4　職務上の義務に著しく違反をしたり、裁判官の威信を失うような非行があった場合に行われます。国会の両議院の議員で組織される裁判所です。

※5　最高裁判所の裁判官については、このほかにも国民審査という制度があります。

※6　憲法77条によって、裁判所は独自のルールを作り、そのルールに基づいて裁判を行うことができます。

※7　民事裁判と刑事裁判があります。前者は民間人同士のトラブルを解決するための裁判です。後者は犯罪を行ったと疑われる人が本当に犯罪を行ったか、またどのような処罰をすべきかを決める裁判です。

権^{※8}（法律や行政行為が憲法に違反しているかどうかの判断をする権限）が与えられているからです。

　裁判所は、ある法律や行政行為が憲法に違反して、国民の人権を**具体的に侵害しているような場合**^{※9}には、違憲審査権を使って、その法律や行為を「違憲（憲法に違反している）」と判断します。「違憲」と判断された法律や行為は、**直ちには無効になりませんが**^{※10}国会や内閣は裁判所の判断を尊重し、その法律を廃止したり、行政行為を止めたりします。このように違憲審査権は裁判所にとって一番大切な権限なのです。

（7）裁判はみんなに公開されています

　こんな重要な役割を果たしている裁判所の裁判は、私たち国民の目が届くように、公開されるのが原則です。憲法82条には「裁判の対審^{※11}及び判決は公開の法廷でこれを行う」としていて、私たちが傍聴できるようになっています。

　もっとも、裁判官の全員一致で、「もし、これを公開したら世の中の秩序や風紀が乱れそうだ」と判断した場合には、例外的に裁判の対審を非公開で行うこともできますが、政治犯罪や出版に関する

※8　憲法81条に違憲審査権が定められています。条文上は最高裁判所に与えられていますが、下級裁判所にも与えられていると考えられています。

※9　裁判所は具体的な事件が起こらないと裁判をしないので、違憲審査権も具体的な事件が起こってはじめて行使されます。

※10　三権分立という制度があるので、裁判所が独断で法律や行政行為を無効としたり、廃止したりすることはできません。ただ、現実には、違憲の判断がなされると、国会はスピーディーに法律を改正したりします。

※11　対審とは、対立する当事者が裁判官の前で、口頭で主張を戦わせること。

犯罪、国民の権利が問題になっている事件については、必ず、公開することになっています。

　人権保障の最後の砦という裁判所の役割を期待しつつも、憲法はしっかりと民主的なチェックも用意しているわけですね。憲法はさすがですね。

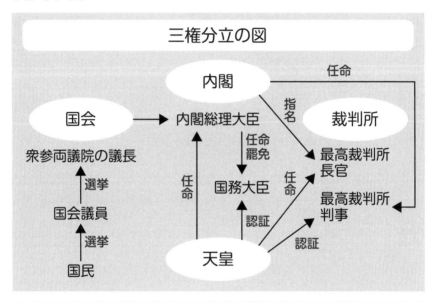

三権分立の図

76条　1　すべて司法権は、最高裁判所及び法律の定めるところにより設置する下級裁判所に属する。

2　特別裁判所は、これを設置することができない。行政機関は、終審として裁判を行ふことができない。

3　すべて裁判官は、その良心に従ひ独立してその職権を行ひ、この憲法及び法律にのみ拘束される。

78条 1　裁判官は、裁判により、心身の故障のために職務を執ることができないと決定された場合を除いては、公の弾劾によらなければ罷免されない。裁判官の懲戒処分は、行政機関がこれを行ふことはできない。

79条 1　最高裁判所は、その長たる裁判官及び法律の定める員数のその他の裁判官でこれを構成し、その長たる裁判官以外の裁判官は、内閣でこれを任命する。

2　最高裁判所の裁判官の任命は、その任命後初めて行はれる衆議院議員総選挙の際国民の審査に付し、その後十年を経過した後初めて行はれる衆議院議員総選挙の際更に審査に付し、その後も同様とする。

3　前項の場合において、投票者の多数が裁判官の罷免を可とするときは、その裁判官は、罷免される。

6　最高裁判所の裁判官は、すべて定期に相当額の報酬を受ける。この報酬は、在任中、これを減額することができない。

80条 1　下級裁判所の裁判官は、最高裁判所の指名した者の名簿によつて、内閣でこれを任命する。その裁判官は、任期を十年とし、再任されることができる。但し、法律の定める年齢に達した時には退官する。

2　下級裁判所の裁判官は、すべて定期に相当額の報酬を受ける。この報酬は、在任中、これを減額することができない。

81条　最高裁判所は、一切の法律、命令、規則又は処分が憲法に適

合するかしないかを決定する権限を有する終審裁判所である。

82条　1　裁判の対審及び判決は、公開法廷でこれを行ふ。

2　裁判所が裁判官の全員一致で、公の秩序又は善良な風俗を害する虞があると決した場合には、対審は公開しないでこれ行ふことができる。但し、政治犯罪、出版に関する犯罪又はこの憲法第三章で保障する国民の権利が問題になつている事件の対審は、常にこれを公開しなければならない。

もしこの世の中に裁判所が存在しなかったら…

　憲法の基本原理である国民主権（民主主義）はとても大切な原理ですが、その原理は、基本的人権の尊重という、より大切な原理を実現するための手段であるともいえます。では、基本的人権の尊重という原理を実現するためには何が最も大切かというと、その侵害がないかをチェックする門番の存在です。すでにお話ししたように裁判所は「人権保障の最後の砦」です。ただ、この「人権保障の最後の砦」という言葉の本当の意味は裁判所に違憲審査権が与えられているということです。憲法に違反する法律によって、国民の人権が侵害されている時に、その法律を違憲と判断することによって、最後の砦としての役割を果たしているのです。もし裁判所がなかったら、基本的人権の保障は絵に描いた餅のようになってしまうかもしれません。

専門家の扉 ⑨

～もっと学びたい人のために～

●裁判官の報酬と国会議員の歳費について

　司法権の独立について学習したので、裁判官の報酬と国会議員の歳費を対比してみます。

　司法権が他の国家権力から独立して、人権保障の最後の砦の役割を果たすために、裁判官の身分保障が憲法では規定され、裁判官の報酬は、在任期間中は減額されないことになっています。これに対して、国会議員の歳費についてはこのような制約がないので、国会で議決をすれば歳費を減額することもできます。もっとも、国会議員は歳費の外に、期末手当（ボーナス）や文書通信交通滞在費（毎月100万円程度）、立法事務費（毎月65万円）が支払われているため、歳費を多少減額しても、国会議員にはほとんど影響がないことになります。新型コロナウィルスの感染拡大を受け、議員歳費が2割削減されましたが、歳費以外の削減はなかったので、歳費2割削減は、評価よりも批判が多かったというのが事実です。

第3章

統治

報酬は
在任期間中は
減額されない。

歳費は国会の
議決により
減額可能。

裁判官

国会議員

憲法の改正
改正できるけど、
70年以上改正したことがない。

　　憲法96条には憲法の改正規定があります。憲法はこのように自らが改正されることも予定しているのです。もっとも、憲法制定後74年が経過しましたが、一度も憲法は改正されたことがありません。

　　それは憲法が完璧であったからではなく、戦争を経験した日本人が現在の平和憲法の改正に消極的だったからです。

　　長い年月が経過し、憲法も現実にそぐわない場合も出てきています。したがって、国民のために、国民自らが十分に議論して、結果として、憲法を改正するならば、それは正しい判断と言えます。

　　ただ、大切なことは、「誰かが言ったから」「他の人もそう言っているから」ではなく、あなたが本当に憲法改正の必要性があると考えたかどうかです。世の中に流されるのではなく、国民ひとりひとりが十分に考える必要があるのです。自分のため、子供たちの未来のために。

今日は憲法96条の憲法改正について、家族みんなで話し合おう。

　最初にお父さんから、憲法改正の手続についてお話しするね。憲法96条には、「この憲法の改正は、**各議院の総議員の3分の2以上の賛成で、国会がこれを発議**し、国民に提案してその承認を経なければならない。この承認には、特別の**国民投票**または国会の定める選挙の際行はれる投票において、その**過半数の賛成を必要とする**。」と書かれているんだね。

　つまり、国会が特別の多数決で案を出して、国民の過半数がそれを承認することで、憲法の改正ができるんだね。

　実際に国民がどのように投票するかについては、平成19年に**国民投票法**という法律ができていて、平成22年から実際に施行されているんだ。

　つまり、憲法を改正する準備はできているんだね。

　憲法というものは、国民の意思を具体的にまとめた法だとされているから、国民の意思によって憲法を改正することもできることになるんだね。

　じゃ、どの程度まで、改正することができるかなんだけど、国民が望めば無限に改正できるという説もあるんだ。

　でもね、国民主権や基本的人権の尊重、平和主義を基本原理としている憲法から、そうではない憲法へと改正することはできないという説が有力なんだね。

　なぜなら、憲法の基本原理を変えるということは、もうすでに別

の憲法になっているので、改正ではなくて、新憲法を作ることになるからなんだね。

　じゃ、憲法を改正することについて、ケンタやノリカはどう思うかな？

　僕は74年も前にできた憲法はいまの時代にマッチしていない部分もたくさん出てきていると思うので、必要があれば改正することも問題ないと思うよ。新しい人権を13条の幸福追求権で保障するよりも、新しい人権については、新しい憲法の条文を作る方がいいと思うよ。それに、昔からいろいろと問題になっている憲法9条についても、現実に合わせて改正するのがいいと思うよ。

　私も必要があれば、憲法を改正することはできると思うの。憲法96条に改正手続が明記されている以上、国民が同意するのなら、改正されることには問題はないと思うの。ただ問題なのは、いま改正が必要かということなの。

　僕は改正の必要があると思うよ。憲法は本当にすばらしい法で、長い間、僕らの権利を守ってきてくれたけど、さすがに74年も経つと、現実とのギャップが大きいよ。いままで保障されてきた基本的人権は今後も保障しなくてはならないけど、新しい人権はどんどん憲法で保障するべきだよ。

　それに、自衛隊が実際に存在して、長い間日本を守っているのだから、自衛隊の存在についても、ちゃんと憲法に書いて置くべきだよ。

　私は違う意見なの。憲法13条で新しい人権を保障できるのなら、わざわざ新条文を作る必要はないと思うの。

　13条のところで、ケンタも話していたように、人権を簡単に新設すると、昔からあった大切な人権の価値も下がってしまうでしょ。そうならないようするためには、13条を通して、限定的に新しい人権を認めるのがいいと思うの。

　それに、憲法9条は日本の平和を守ってきた世界に誇れる条文なんだから、改正する必要はないと思うの。

　いろいろな意見があってもいいと思うし、年を重ねることによって、考え方が変わってもいいと思うよ。

　父さんも昔は憲法の改正には消極的だったけど、外国人のお母さんと結婚して、外国人の人権について考えるようになったので、外国人のために、憲法の人権規定を改正してもいいかと思うこともある。日本人とまったく同じように税金を納めている在留外国人にも、少しくらい選挙権を与えてもいいのではないかと思うようになったよ。せめて、地方公共団体レベルの選挙権くらいはね。

第3章
統
治

お父さんの気持ちはうれしいし、私も帰化する前は不自由を感じていたので、選挙権は認めてほしいと思ったわ。ただ日本人になって、選挙権を使えるようになったので、いまはそれほど改正が必要だと思わないの。選挙権がほしければ、日本人になればいい話だからね。それより、一つの憲法改正によって、次から次へと憲法が変わってしまうことは心配になるわ。世界の他の国とは違って、日本は70年以上も戦争をしないできたのだから、その大切な部分は是非守ってもらいたいの。本当に国民を守るために、絶対に必要なものがあるなら、国民が十分に議論をして、改正に同意することもいいと思うけど、そんな必要もないのに、その場の感情で改正がされるのは反対だわ。

　母さんはどうして、急にそう思ったのかな？　母さんはむしろ改正賛成派だと思ったけど…。

　実は、新型コロナ感染症の流行で、総理大臣に強大な権限を与えるように、憲法を改正すべきだという話がいろいろなところで出てきたでしょ。私も最初はそれがいいと思ったけど、じっくり考えると少し心配になったの。国家緊急事態だからと言って、そんな強大な権限を一人の人間に与えたら、もし、その人が判断を間違えたり、その権限をむやみに使ったら、古い時代に逆戻りになるような気がしたの。権限を与えるな

ら、国民の代表者である国会で十分に議論をして、法律を作ればいいだけであって、憲法を改正する必要はないでしょ。その場の感情に動かされて、簡単に憲法を改正してしまうと、あとから大変なことになる気がするの。だから、本当に慎重に考える必要があると思ったの。

　　　家族の中でも、いろいろな意見があって本当に良かったと思うよ。ケンタ、ノリカ、キャサリンの考えはそれぞれ正しいと思うよ。憲法96条で憲法の改正が認められているのだから時代の変化によって、その必要性があれば、憲法は改正してもいいと思う。ただ、その必要性があるかどうかは時間をかけて、国民みんなが話し合って決めていくべきなんだね。
　一時の感情だけで動くのは本当によくないからね。

憲法と法律の違いは？ ➡そもそも憲法は一般の法律とは大きく異なっている点があります。それは実は改正手続きにあるんだ。法律は国民に委託された国会の議決によって、法律を作ったり、改正することができるけど、憲法を改正するには、さらに国民の多く（過半数）が賛成しないとだめなんだ。そのために国民投票法という法律ができて、国民が直接投票して過半数の賛成がないと改正できない仕組みになっているんだ。それだけ憲法は簡単には改正できないようになっているんだね。

第3章
統治

171

20

憲法9条　戦争の放棄

世界で誇れる条文かもしれません。

　　この本の最後に、日本国憲法の最大の特徴であり、しかも憲法改正の議論において、最も問題となっている憲法9条について取り上げます。憲法の施行後73年間、日本の平和を守った立役者でもある憲法9条は、一方で最も現実からずれてしまっている条文でもあります。憲法9条の功績を讃えて、そのまま守り続けるのか、それとも現実との乖離を正すのか、みんなさんもしっかりと考えてください。

　　　　憲法9条について、今日は親子で話し合おう。まずはお父さんから簡単に憲法9条について説明するね。少し難しいよ。

憲法9条には、次のように書かれているんだね。

1　日本国民は、正義と秩序を基調とする国際平和を誠実に希求し、国権の発動たる戦争と、武力による威嚇又(また)は武力の行使は、国際紛争を解決する手段としては、永久にこれを放棄する。

2　前項の目的を達するため、陸海空軍その他の戦力は、これを保持しない。国の交戦権は、これを認めない。

　1項では日本国民が国際平和を求めるということ、国際的な争いを解決する手段として、戦争を永久に放棄するということ、武力による「おどし」（威嚇_{いかく}）や武力を「使うこと」（行使）は永久に放棄することが書かれているんだ。ここで、ポイントとなるのは「**国際紛争を解決する手段としては**」という言葉なんだね。「国際紛争を解決する手段として」の戦争という言葉は、世界的な解釈として、他の国を侵略する「**侵略戦争**」のことだと考えられていて、逆に言うと、自分の国が侵略された場合に、自分の国を守るための戦争（**自衛戦争**）は放棄されていないと考えられているんだね。

　つまり、1項で否定されているのは、侵略戦争であって、自衛戦争は否定されていないと考えられているんだね。

　ところが、9条には2項があって、前項（つまり1項）の目的を達成するために、陸海空軍その他の戦力を持たないと書かれている。ここにいう1項の目的というのは、「**国際平和を求めるため**」という風に、1項全体を示していると読むのが普通なので、結局、2項では「国際平和を求めるため」に一切の戦力が持てないことになるんだね。つまり、一切の戦力がないので、自衛のための戦争もできないことになってしまうんだね。なんか1項と2項が矛盾している感じなんだよ。もちろん、そのことをおかしいと考える人は「前項の目的」というのは「侵略のための戦争を放棄するために」という意味だと考えて、2項で否定されたのは、「侵略のための戦力」であって、「自衛のための戦力」は持てると考えるんだね。でもやっぱり、「前項の目的」をそんなに狭く考えるのは、無理があるとい

うことで、憲法学会の多数説でも、長い間の政府の考えでも、侵略・自衛にかかわらず、一切の戦力が否定されていると考えられているんだね。

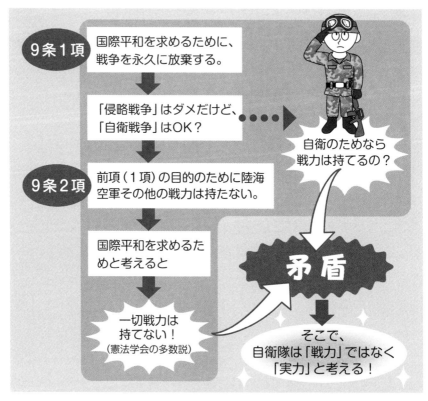

9条1項　国際平和を求めるために、戦争を永久に放棄する。

「侵略戦争」はダメだけど、「自衛戦争」はOK？

自衛のためなら戦力は持てるの？

9条2項　前項（1項）の目的のために陸海空軍その他の戦力は持たない。

国際平和を求めるためと考えると

矛盾

一切戦力は持てない！（憲法学会の多数説）

そこで、自衛隊は「戦力」ではなく「実力」と考える！

　そうすると、「自衛隊って陸海空軍その他の戦力じゃないの？」って思ってしまうでしょ。

　当然だよね。当時の米ソ冷戦の状況から、自衛隊が必要になって、自衛隊を作ったけど、憲法9条2項と、どの様に辻褄を合わせるかが問題になったんだね。そこで、政府は「戦力」というのは、「自

衛のための必要最小限を超えるもの」のことを言い、自衛のための必要最小限を超えない「実力」は「戦力」ではないと主張したんだね。相当無理があると思うけど当時の国際情勢を考えると、やむを得ない考えだと、父さんも思う。いまの自衛隊が世界レベルで「戦力」ではないというと、他の国から笑われてしまうかもしれないけど、自衛隊が実際に存在して、日本を守っている以上、自衛隊の存在が、憲法９条２項に矛盾（むじゅん）しないようにするために、自衛隊は「戦力」ではなく、「実力」だと考えなくてはならないんだね。

　こんなおかしな状況になっているから、憲法９条を改正して、自衛のための戦力を認めたり、自衛隊の存在を明記しようという考えが出てくるんだね。この考えが出るのは、当然といえば当然だよね。

　憲法９条について、説明をしたけど、ケンタやノリカは、どう思う？　憲法９条を改正するべきかどうかということだよ。

　僕はそんなおかしな状態を直すために、憲法は改正した方がいいと思うよ。憲法を改正できることは、憲法にしっかり書かれているんだから、憲法にしたがって、国会が改正案を僕たち国民に提案（発議）して、国民の半分を超える（過半数の）同意があれば、憲法は改正してもいいと思うよ。侵略のための戦争はいけないことだと思うけど、日本が他の国から武力で脅（おびや）かされるときには、それに対抗する戦力を使ってもいいと思うんだ。自衛隊だって、ちゃんと憲法で認められて、正々堂々と活動すべきだよ。

第３章

統治

私はケンタとは違う考えなの。だって、憲法改正というのは憲法に正しくないところがあるので、それを正しく改めるということでしょ。でも、憲法9条に正しくないところはないと思うから。憲法が施行されてから、73年間も日本が戦争をしていないのは、憲法9条があったからでしょ。憲法9条の平和主義と戦争の放棄によって、私たちは平和に暮らしてきたんでしょ。だったら、憲法9条を改正するよりも、むしろ憲法9条を世界に誇るべきだと思うの。確かに、自衛隊が憲法9条と矛盾しているのは分かるわ。そして自衛隊をいまさら否定することができないのも分かる。でもだからと言って、73年間も平和を与えてくれている9条を、本当は9条に違反しているもののために、変更するのはおかしくない？

　私は、いまの自衛隊を、パーティーに参加するチケットがないのに、関係者のツテで、パーティーに参加している人のように思っているの。本当はチケットがないから、パーティーで出しゃばったり、パーティーの料理をバクバク食べたりしないでしょ。チケットがないから遠慮しているの。

　でももし、自衛隊に、正規のチケットを与えて、正々堂々とパーティーに参加できるようにしたら、どうなると思う？　全然遠慮をしなくなり、どんどん発言をしたり料理を食べたりするんじゃないのかな？　自衛隊を憲法に明記するべきだという人がいるけど、私はそれが心配なの。

　　僕はそれ考え過ぎだと思うよ。自衛隊を憲法に明記しても、自衛隊の行動を制限するルールも同時に憲法に明記すれば、憲法によって、自衛隊の行き過ぎを防ぐことができると思うから。だって、もともと、憲法は権力を制限するためにあるんだから、自衛隊だって憲法で制限できると思うからさ。

　　それは理想だけど、憲法の改正で、自衛隊の力を制限する規定が盛り込まれるとは限らないでしょ。単純に、自衛隊が9条に明記されて、自衛隊が自衛のための戦争ができるようになるかもしれないじゃない？

なかなか二人の意見は一致しないようだね。でもそれでいいと思うよ。いろんな考えの人がいてもいいと思うから。いろんな考えを持つことを保障しているのも憲法だからね。

　結局、最後は憲法改正の手続で、私たち日本人がどの道を選ぶかということだよ。いままで平和を導いてくれた憲法9条をこれからも尊重するのか、それとも現実に合わせて憲法を改正するのか、これは私たち日本人がみんなでよく話し合って決めるべきことなんだね。

　周りの人の意見に流されたり、政治家の言葉に流されたりしないで、自分自身が自分に問いかけて、どちらの道を選ぶのがいいのか判断するんだよ。その判断をするためには、もっともっと憲法について学ぶことが必要だと思うし、憲法のことをよく知らない人たちに、憲法のことを伝えることが大切だと思うよ。だって、**私たち日本人は、この憲法に守られ、この憲法に教えられ、この憲法に育てられた「憲法の子」でしょ**。だったら、親である憲法のことをしっかりと理解して、このあとも憲法のことを尊重するのか、それとも考えが古くなった憲法に対して、「いままでありがとう。でも時代に合わせて変わった方がいいよ」と、思い切って、進言するのかということだよ。

　君たちはこれから大人になって、まだまだ何十年も憲法と共に生きていく人なんだよ。だから、憲法についてしっかりと考えて、未来の子供たちに憲法を引き継いでいってほしいんだよ。それが父さ

んの願いなんだ。お母さんはどう思う。

 　　　お母さんもケンタとノリカの将来は二人がしっかり考えて自分たちで決めてほしいと思うの。だから、憲法を改正するかどうかもじっくりと時間をかけて話し合ってほしいの。

　憲法改正には制限時間があるわけではなくて、「いまこそ憲法の改正を」という人たちは、自分たちの都合でそんな風に言っているように思えるの。日本人が73年間も変えることなく守ってきた憲法だからこそ、改正をするにしてもしないにしても、しっかりと話し合ってほしいと思うの。

 　　　父さん、母さん、よくわかったよ。僕らはもっと憲法について学んで、これから生まれる将来の「憲法の子」のためにも、正しい判断ができるようにするよ。これを読んでくれているみんなも僕たちと一緒に憲法について話し合おう。

　僕らはみんな「憲法の子」なんだから。

第3章
統治

次の世代へバトンを繋ぐ

憲法

もしこの世の中に憲法9条が存在しなかったら…

　憲法が施行されてから、73年の間、世界ではたくさんの戦争が起こりました。朝鮮戦争、ベトナム戦争、中東戦争、イラン・イラク戦争、湾岸戦争、イラク戦争…数えたらきりがありません。小さな戦争なら、数えられないほどあると思います。どの戦争にも日本は参戦せず、戦争による日本人の死者は一人もいません。

　憲法9条がなかったら、どうなっていたかと思うと本当に怖いです。この世の中に憲法9条があって本当に良かったと思います。

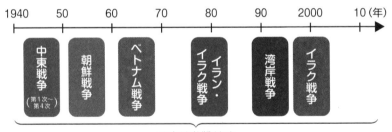

| 1940 | 50 | 60 | 70 | 80 | 90 | 2000 | 10 (年) |

中東戦争（第1次〜第4次）　朝鮮戦争　ベトナム戦争　イラン・イラク戦争　湾岸戦争　イラク戦争

日本は参戦せず

　ただ、憲法9条が現実に合致していないのは確かです。それをどうするかは私たち国民が最終的に決めるべきであり、一部の人たちが勝手に決めていいわけではありません。私たち国民がしっかり考え、未来の「憲法の子」のために、この憲法をどのように引き継いでいくかを皆で考えましょう。

COLUMN

日本国憲法

憲法は空気のようなボディーガード

憲法は私たちの日常生活のいたるところで、私たちを支えてくれていますが、普段、あまり憲法のことを意識することはないと思います。

この本の冒頭でもお話ししたように、災害や感染症の流行が起こったり、近隣の国で、ひどい人権侵害や人種差別があった時にはじめて、私たちは、憲法によって守られていることを実感します。

憲法とは、私たちにとって空気のような存在で、普段それがあることは意識していませんが、現実にはそれがないと生きられないものなのです。

憲法を意識しないでいい日常というのは実は理想的な日常と言えるかもしれません。何事も起こっていないからこそ、憲法のことを考える必要もないからです。

ただ、私たちが意識するかどうかにかかわりなく、憲法は毎日、黙って、私たちを守ってくれています。憲法は空気のような存在ですが、私たちにとって、最も信頼できる最強のボディーガードかもしれません。

第3章
統治

第5話 そして… 次の世代へ…！

【巻末資料】 日本国憲法

前文（声に出して読んでみよう。）

日本国民は、正当に選挙された国会における代表者を通じて行動し、われらとわれらの子孫のために、諸国民との協和による成果と、わが国全土にわたつて自由のもたらす恵沢を確保し、政府の行為によつて再び戦争の惨禍が起ることのないやうにすることを決意し、ここに主権が国民に存することを宣言し、この憲法を確定する。そもそも国政は、国民の厳粛な信託によるものであつて、その権威は国民に由来し、その権力は国民の代表者がこれを行使し、その福利は国民がこれを享受する。これは人類普遍の原理であり、この憲法は、かかる原理に基くものである。われらは、これに反する一切の憲法、法令及び詔勅を排除する。

日本国民は、恒久の平和を念願し、人間相互の関係を支配する崇高な理想を深く自覚するのであつて、平和を愛する諸国民の公正と信義に信頼して、われらの安全と生存を保持しようと決意した。われらは、平和を維持し、専制と隷従、圧迫と偏狭を地上から永遠に除去しようと努めてゐる国際社会において、名誉ある地位を占めたいと思ふ。われらは、全世界の国民が、ひとしく恐怖と欠乏から免かれ、平和のうちに生存する権利を有することを確認する。

われらは、いづれの国家も、自国のことのみに専念して他国を無視してはならないのであつて、政治道徳の法則は、普遍的なものであり、この法則に従ふことは、自国の主権を維持し、他国と対等関係に立たうとする各国の責務であると信ずる。

日本国民は、国家の名誉にかけ、全力をあげてこの崇高な理想と目的を達成することを誓ふ。

（本文掲載以外の条文）

第1章　天皇

第2条　皇位は、世襲のものであつて、国会の議決した皇室典範の定めるところにより、これを継承する。

第4条　2　天皇は、法律の定めるところにより、その国事に関する行為を委任することができる。

第5条　皇室典範の定めるところにより摂政を置くときは、摂政は、天皇の名でその国事に関する行為を行ふ。この場合には、前条第一項の規定を準用する。

第6条　天皇は、国会の指名に基いて、内閣総理大臣を任命する。

2　天皇は、内閣の指名に基いて、最高裁判所の長たる裁判官を任命する。

第7条　天皇は、内閣の助言と承認により、国民のために、左の国事に関する行為を行ふ。

一　憲法改正、法律、政令及び条約を公布すること。

二　国会を召集すること。

三　衆議院を解散すること。

四　国会議員の総選挙の施行を公示すること。

五　国務大臣及び法律の定めるその他の官吏の任免並びに全権委任状及び大使及び公使の信任状を認証すること。

六　大赦、特赦、減刑、刑の執行の免除及び復権を認証すること。

七　栄典を授与すること。

八　批准書及び法律の定めるその他の外交文書を認証すること。

九　外国の大使及び公使を接受すること。

十　儀式を行ふこと。

第8条　皇室に財産を譲り渡し、又は皇室が、財産を譲り受け、若しくは賜与することは、国会の議決に基かなければならない。

第2章　戦争の放棄

第3章　国民の権利及び義務

第10条　日本国民たる要件は、法律でこれを定める。

第12条　この憲法が国民に保障する自由及び権利は、国民の不断の努力によつて、これを保持しなければならない。又、国民は、これを濫用してはならないのであつて、常に公共の福祉のためにこれを利用する責任を負ふ。

第15条　3　公務員の選挙については、成年者による普通選挙を保障する。

4　すべて選挙における投票の秘密は、これを侵してはならない。選挙人は、その選択に関し公的にも私的にも責任を問はれない。

第28条　勤労者の団結する権利及び団体交渉その他の団体行動をする権利は、これを保障する。

第29条　財産権は、これを侵してはならない。

2　財産権の内容は、公共の福祉に適合するやうに、法律でこれを定める。

3　私有財産は、正当な補償の下に、これを公共のために用ひることができる。

第30条　国民は、法律の定めるところにより、納税の義務を負ふ。

第4章　国会

第44条　両議院の議員及びその選挙人の資格は、法律でこれを定める。但し、人種、信条、性別、社会的身分、門地、教育、財産又は収入によつて差別してはならない。

第45条　衆議院議員の任期は、四年とする。但し、衆議院解散の場合には、その期間満了前に終了する。

第46条　参議院議員の任期は、六年とし、三年ごとに議員の半数を改選する。

第47条　選挙区、投票の方法その他両議院の議員の選挙に関する事項は、法律でこれを定める。

第48条　何人も、同時に両議院の議員たることはできない。

第49条　両議院の議員は、法律の定めるところにより、国庫から相当額の歳費を受ける。

第50条　両議院の議員は、法律の定める場合を除いては、国会の会期中逮捕されず、会期前に逮捕された議員は、その議院の要求があれば、会期中これを釈放しなければならない。

第51条　両議院の議員は、議院で行つた演説、討論又は表決について、院外で責任を問はれない。

第52条　国会の常会は、毎年一回これを召集する。

第53条　内閣は、国会の臨時会の召集を決定することができる。いづれかの議院の総議員の四分の一以上の要求があれば、内閣は、その召集を決定しなければならない。

第54条　衆議院が解散されたときは、解散の日から四十日以内に、衆議院議員の総選挙を行ひ、その選挙の日から三十日以内に、国会を召集しなければならない。

2　衆議院が解散されたときは、参議院は、同時に閉会となる。但し、内閣は、国に緊急の必要があるときは、参議院の緊急集会を求めることができる。

3　前項但書の緊急集会において採られた措置は、臨時のものであつて、次の国会開会の後十日以内に、衆議院の同意がない場合には、その効力を失ふ。

第55条　両議院は、各々その議員の資格に関する争訟を裁判する。但し、議員の議席を失はせるには、出席議員の三分の二以上の多数による議決を必要とする。

第56条　両議院は、各々その総議員の三分の一以上の出席がなければ、議事を開き議決することができない。

2　両議院の議事は、この憲法に特別の定のある場合を除いては、出席議員の過半数でこれを決し、可否同数のときは、議長の決するところによる。

第57条〔会議の運用の仕方〕

両議院の会議は、公開とする。但し、出席議員の三分の二以上の多数で議決したときは、秘密会を開くことができる。

2　両議院は、各々その会議の記録を保存し、秘密会の記録の中で特に秘密を要すると認められるもの以外は、これを公表し、且つ一般に頒布しなければならない。

3　出席議員の五分の一以上の要求があれば、各議員の表決は、これを会議録に記載しなければなら

ない。

第58条 両議院は、各々その議長その他の役員を選任する。

2 両議院は、各々その会議その他の手続及び内部の規律に関する規則を定め、又、院内の秩序をみだした議員を懲罰することができる。但し、議員を除名するには、出席議員の三分の二以上の多数による議決を必要とする。

第59条 法律案は、この憲法に特別の定のある場合を除いては、両議院で可決したとき法律となる。

2 衆議院で可決し、参議院でこれと異なつた議決をした法律案は、衆議院で出席議員の三分の二以上の多数で再び可決したときは、法律となる。

3 前項の規定は、法律の定めるところにより、衆議院が、両議院の協議会を開くことを求めることを妨げない。

4 参議院が、衆議院の可決した法律案を受け取つた後、国会休会中の期間を除いて六十日以内に、議決しないときは、衆議院は、参議院がその法律案を否決したものとみなすことができる。

第60条 予算は、さきに衆議院に提出しなければならない。

2 予算について、参議院で衆議院と異なつた議決をした場合に、法律の定めるところにより、両議院の協議会を開いても意見が一致しないとき、又は参議院が、衆議院の可決した予算を受け取つた後、国会休会中の期間を除いて三十日以内に、議決しないときは、衆議院の議決を国会の議決とする。

第61条 条約の締結に必要な国会の承認については、前条第二項の規定を準用する。

第62条 両議院は、各々国政に関する調査を行ひ、これに関して、証人の出頭及び証言並びに記録の提出を要求することができる。

第63条 内閣総理大臣その他の国務大臣は、両議院の一に議席を有すると有しないとにかかはらず、何時でも議案について発言するため議院に出席することができる。又、答弁又は説明のため出席を求められたときは、出席しなければならない。

第64条 国会は、罷免の訴追を受けた裁判官を裁判するため、両議院の議員で組織する弾劾裁判所を設ける。

2 弾劾に関する事項は、法律でこれを定める。

第5章 内閣

第73条 内閣は、他の一般行政事務の外、左の事務を行ふ。

一 法律を誠実に執行し、国務を総理すること。

二 外交関係を処理すること。

三 条約を締結すること。但し、事前に、時宜によつては事後に、国会の承認を経ることを必要とする。

四 法律の定める基準に従ひ、官吏に関する事務を掌理すること。

五 予算を作成して国会に提出すること。

六 この憲法及び法律の規定を実施するために、政令を制定すること。但し、政令には、特にその法律の委任がある場合を除いては、罰則を設けることができない。

七　大赦、特赦、減刑、刑の執行の免除及び復権を決定すること。

第74条　法律及び政令には、すべて主任の国務大臣が署名し、内閣総理大臣が連署することを必要とする。

第75条　国務大臣は、その在任中、内閣総理大臣の同意がなければ、訴追されない。但し、これがため、訴追の権利は、害されない。

第6章　司法

第76条　２　特別裁判所は、これを設置することができない。行政機関は、終審として裁判を行ふことができない。

３　すべて裁判官は、その良心に従ひ独立してその職権を行ひ、この憲法及び法律にのみ拘束される。

第77条　最高裁判所は、訴訟に関する手続、弁護士、裁判所の内部規律及び司法事務処理に関する事項について、規則を定める権限を有する。

２　検察官は、最高裁判所の定める規則に従はなければならない。

３　最高裁判所は、下級裁判所に関する規則を定める権限を、下級裁判所に委任することができる。

第79条　４　審査に関する事項は、法律でこれを定める。

５　最高裁判所の裁判官は、法律の定める年齢に達した時に退官する。

第7章　財政

第83条　国の財政を処理する権限は、国会の議決に基いて、これを行使しなければならない。

第84条　あらたに租税を課し、又は現行の租税を変更するには、法律又は法律の定める条件によることを必要とする。

第85条　国費を支出し、又は国が債務を負担するには、国会の議決に基くことを必要とする。

第86条　内閣は、毎会計年度の予算を作成し、国会に提出して、その審議を受け議決を経なければならない。

第87条　予見し難い予算の不足に充てるため、国会の議決に基いて予備費を設け、内閣の責任でこれを支出することができる。

２　すべて予備費の支出については、内閣は、事後に国会の承諾を得なければならない。

第88条　すべて皇室財産は、国に属する。すべて皇室の費用は、予算に計上して国会の議決を経なければならない。

第90条　国の収入支出の決算は、すべて毎年会計検査院がこれを検査し、内閣は、次の年度に、その検査報告とともに、これを国会に提出しなければならない。

２　会計検査院の組織及び権限は、法律でこれを定める。

第91条　内閣は、国会及び国民に対し、定期に、少くとも毎年一回、国の財政状況について報告しなければならない。

第8章　地方自治

第93条　地方公共団体には、法律の定めるところにより、その議事機関として議会を設置する。

2　地方公共団体の長、その議会の議員及び法律の定めるその他の吏員は、その地方公共団体の住民
　が、直接これを選挙する。
第94条　地方公共団体は、その財産を管理し、事務を処理し、及び行政を執行する権能を有し、法律
の範囲内で条例を制定することができる。
第95条　一の地方公共団体のみに適用される特別法は、法律の定めるところにより、その地方公共団
体の住民の投票においてその過半数の同意を得なければ、国会は、これを制定することができない。

第9章　改正

第96条　この憲法の改正は、各議院の総議員の三分の二以上の賛成で、国会が、これを発議し、国民
に提案してその承認を経なければならない。この承認には、特別の国民投票又は国会の定める選挙の
際行はれる投票において、その過半数の賛成を必要とする。
2　憲法改正について前項の承認を経たときは、天皇は、国民の名で、この憲法と一体を成すものと
　して、直ちにこれを公布する。

第10章　最高法規

第97条　この憲法が日本国民に保障する基本的人権は、人類の多年にわたる自由獲得の努力の成果で
あつて、これらの権利は、過去幾多の試錬に堪へ、現在及び将来の国民に対し、侵すことのできない
永久の権利として信託されたものである。
第98条　この憲法は、国の最高法規であつて、その条規に反する法律、命令、詔勅及び国務に関する
その他の行為の全部又は一部は、その効力を有しない。
2　日本国が締結した条約及び確立された国際法規は、これを誠実に遵守することを必要とする。
第99条　天皇又は摂政及び国務大臣、国会議員、裁判官その他の公務員は、この憲法を尊重し擁護す
る義務を負ふ。

第11章　補則

第100条　この憲法は、公布の日から起算して六箇月を経過した日〔昭二二・五・三〕から、これを
施行する。
2　この憲法を施行するために必要な法律の制定、参議院議員の選挙及び国会召集の手続並びにこの
　憲法を施行するために必要な準備手続は、前項の期日よりも前に、これを行ふことができる。
第101条　この憲法施行の際、参議院がまだ成立してゐないときは、その成立するまでの間、衆議院は、
国会としての権限を行ふ。
第102条　この憲法による第一期の参議院議員のうち、その半数の者の任期は、これを三年とする。
その議員は、法律の定めるところにより、これを定める。
第103条　この憲法施行の際現に在職する国務大臣、衆議院議員及び裁判官並びにその他の公務員で、
その地位に相応する地位がこの憲法で認められてゐる者は、法律で特別の定をした場合を除いては、
この憲法施行のため、当然にはその地位を失ふことはない。但し、この憲法によつて、後任者が選挙
又は任命されたときは、当然その地位を失ふ。

おわりに

　日本国憲法が制定・施行されてから70年以上の歳月が経過しました。この間、国内外では様々な出来事が起こり、また人々の生活様式も大きく変化しました。さらに昨今の新型コロナ感染症の流行により、私たちの生活様式はより一層変化していくことでしょう。

　このように社会の変化はめまぐるしいものがありますが、日本国憲法は70年以上、一度も改正されていません。

　この期間、日本国憲法は、私たちに、自由、民主主義、平和の重要性を教えてくれました。また私たちを民主主義国家の一員として育ててくれました。そして何よりも、私たちの人権を守り、戦争の惨禍から私たちを守ってくれました。

　このように私たちの育ての親とでもいうべき日本国憲法を今後どのようにするかは、この本をお読みになった皆さんがご自分で考え、ご判断していただかなくてはなりません。

　憲法が現実の社会に追いついていないのは事実ですし、国際貢献の必要性や新しい人権の必要性もあります。一方でこの憲法下において日本国は一度も戦争を行っておらず、自由の保障された民主主義国家であり続けているのも事実です。

　このまま憲法を守るのか、あるいは憲法を現実に合致するように改正するのかは将来の日本を担う皆さんに判断をゆだねるしかありません。その判断は容易ではありませんので、この本をお読みになり、皆さんが感じたことを大切にしていただき、時間をかけて納得できる結論を出していただければと思います。この本が少しでもお役に立てるなら、それは何よりも私の幸せです。

中谷 彰吾

著者

中谷彰吾 (なかたに・しょうご)

1964年、大阪府堺市に生まれる。1988年、早稲田大学政治経済学部卒。現在、東京都内で行政書士事務所を開設。行政書士試験、宅建試験、公務員試験、ビジネス法務試験等の受験指導のキャリアが豊富な上、行政書士実務の分野では市民法務のエキスパートとして、テレビ・ラジオに多数出演し、許認可業務中心であった行政書士会に新たな風を注ぎ込んだ。現在は行政書士のリーダー的役割を果たし、後続する行政書士の指導育成を行っている。著書に「国家試験受験のためのよくわかる憲法」(自由国民社) がある。

カバーイラスト／作画／本文イラスト

あおきてつお (ピエゾコミック代表)

漫画家　東京都に生まれる。
1980年『少年ビッグコミック』(小学館) にて「10月のメモリー」でデビュー。少年誌や小女誌などで短編読み切り作品等を経て、1982年から同誌に連載された『気ままにウルフ』が初の長期連載作品 (単行本全8巻) となる。また、『法律の抜け穴』シリーズ、企業コミックやイラスト挿絵などを手掛け、1993年から三省堂の中学英語教科書『New Crown』の編集委員として10年間イラストを担当する。代表作に『赤い靴はいた』、『緋が走る』(1999年NHK、ドラマ化)、『島根の弁護士』(2007年フジテレビ、ドラマ化) など多数。
ピエゾコミックhttp://www.geocities.jp/ao10132000/

憲法の子

2020年11月13日　初版第1刷発行

著　者	中谷彰吾
作　画	あおきてつお
発行者	伊藤　滋
発行所	株式会社　自由国民社
	〒171-0033　東京都豊島区高田3－10－11
	https://www.jiyu.co.jp/
	振替 00100-6-189009　電話03-6233-0781 (代表)
カバー＆扉デザイン	萩原弦一郎 (256)
印刷所	横山印刷株式会社
製本所	新風製本株式会社
本文DTP＆イラスト	有限会社中央制作社